世界五千年
科技故事叢書
盧嘉錫題

《世界五千年科技故事丛书》
编审委员会

丛书顾问　钱临照　卢嘉锡　席泽宗　路甬祥
主　　编　管成学　赵骥民
副 主 编　何绍庚　汪广仁　许国良　刘保垣
编　　委　王渝生　卢家明　李彦君　李方正　杨效雷

世界五千年科技故事丛书

中国近代民族化学工业的拓荒者
侯德榜的故事

丛书主编　管成学　赵骥民

编著　毕元辉

吉林出版集团 ｜ 吉林科学技术出版社

图书在版编目（CIP）数据

中国近代民族化学工业的拓荒者：侯德榜的故事/管成学，赵骥民主编. —长春：吉林科学技术出版社，2012.10（2022.1重印）
ISBN 978-7-5384-6153-4

Ⅰ.①中… Ⅱ.①管… ②赵… Ⅲ.①侯德榜（1890～1974）－生平事迹－通俗读物 Ⅳ.①K826.13-49

中国版本图书馆CIP数据核字（2012）第156332号

中国近代民族化学工业的拓荒者：侯德榜的故事

主　　编	管成学　赵骥民
出 版 人	宛　霞
选题策划	张瑛琳
责任编辑	潘竞翔
封面设计	新华智品
制　　版	长春美印图文设计有限公司
开　　本	640mm×960mm　1/16
字　　数	100千字
印　　张	7.5
版　　次	2012年10月第1版
印　　次	2022年1月第4次印刷

出　　版	吉林出版集团
	吉林科学技术出版社
发　　行	吉林科学技术出版社
地　　址	长春市净月区福祉大路5788号
邮　　编	130118
发行部电话/传真	0431-81629529　81629530　81629531
	81629532　81629533　81629534
储运部电话	0431-86059116
编辑部电话	0431-81629518
网　　址	www.jlstp.net
印　　刷	北京一鑫印务有限责任公司

书　　号	ISBN 978-75384-6153-4
定　　价	33.00元

如有印装质量问题可寄出版社调换
版权所有　翻印必究　举报电话：0431-81629508

序 言

十一届全国人大副委员长、中国科学院前院长、两院院士

[签名]

放眼21世纪，科学技术将以无法想象的速度迅猛发展，知识经济将全面崛起，国际竞争与合作将出现前所未有的激烈和广泛局面。在严峻的挑战面前，中华民族靠什么屹立于世界民族之林？靠人才，靠德、智、体、能、美全面发展的一代新人。今天的中小学生届时将要肩负起民族强盛的历史使命。为此，我们的知识界、出版界都应责无旁贷地多为他们提供丰富的精神养料。现在，一套大型的向广大青少年传播世界科学技术史知识的科普读物《世

序 言

界五千年科技故事丛书》出版面世了。

由中国科学院自然科学研究所、清华大学科技史暨古文献研究所、中国中医研究院医史文献研究所和温州师范学院、吉林省科普作家协会的同志们共同撰写的这套丛书，以世界五千年科学技术史为经，以各时代杰出的科技精英的科技创新活动作纬，勾画了世界科技发展的生动图景。作者着力于科学性与可读性相结合，思想性与趣味性相结合，历史性与时代性相结合，通过故事来讲述科学发现的真实历史条件和科学工作的艰苦性。本书中介绍了科学家们独立思考、敢于怀疑、勇于创新、百折不挠、求真务实的科学精神和他们在工作生活中宝贵的协作、友爱、宽容的人文精神。使青少年读者从科学家的故事中感受科学大师们的智慧、科学的思维方法和实验方法，受到有益的思想启迪。从有关人类重大科技活动的故事中，引起对人类社会发展重大问题的密切关注，全面地理解科学，树立正确的科学观，在知识经济时代理智地对待科学、对待社会、对待人生。阅读这套丛书是对课本的很好补充，是进行素质教育的理想读物。

读史使人明智。在历史的长河中，中华民族曾经创造了灿烂的科技文明，明代以前我国的科技一直处于世界领先地位，涌现出张衡、张仲景、祖冲之、僧一行、沈括、郭守敬、李时珍、徐光启、宋应星这样一批具有世界影响的科学家，而在近现代，中国具有世界级影响的科学家并不多，与我们这个有着13亿人口的泱泱大国并不相称，与世界先进科技水平相比较，在总体上我国的科技水平还存在着较大差距。当今世界各国都把科学技术视为推动社会发展的巨大动力，把培养科技创新人才当做提高创新能力的战略方针。我国也不失时机地确立了科技兴国战略，确立了全面实施素质教育，提高全民素质，培养适应21世纪需要的创新人才的战略决策。党的十六大又提出要形成全民学习、终身学习的学习型社会，形成比较完善的科技和文化创新体系。要全面建设小康社会，加快推进社会主义现代化建设，我们需要一代具有创新精神的人才，需要更多更伟大的科学家和工程技术人才。我真诚地希望这套丛书能激发青少年爱祖国、爱科学的热情，树立起献身科技事业的信念，努力拼搏，勇攀高峰，争当新世纪的优秀科技创新人才。

目　录

"挂车攻读"的书耗子/011

在英华书院/017

"土包子"与1000分/022

留学美国/028

一封来自祖国的聘请信/033

蓝领的总工程师/039

"追到底"的精神/045

揭开苏尔维制碱法之谜/052

万国博览会上的金奖/055

筹建硫酸铵厂/060

双翼齐飞/066

宁为玉碎不为瓦全/073

"侯氏制碱法"的发明/078

目 录

崇高的荣誉/085
复兴"永利"/091
援助印度/100
回到新中国/103
"侯氏制碱法"重放异彩/108
鞠躬尽瘁,死而后已/115

"挂车攻读"的书耗子

坡尾乡是位于闽江江畔的一个秀丽的小村落，四季常青，景色宜人。这里的农民世代以种水稻为生。

这是一个繁忙的季节。

一天，村里的人都在自家的田里忙着插秧、灌溉。在这群忙碌的人们中间，最引人注目的是个10来岁的男孩。在田头的小河畔、一个偌大的水车上，坐着这个男孩，他又瘦又小，与大水车形成鲜明的对比，他正在一边吃力地踏着这老式的沉重的水车，一边手捧一本《古文观止》在朗读……

当爷爷知道小孙子一个人去车水的时候，很心疼他这么小的年纪就和大人一样干活，于是急匆匆地向河边跑来，未等到跟前，就看到小孙子正在一边车水，一边读书，口中还念念有词：

"归去来兮，田园将芜，胡不归。既自以身为形役，奚惆怅而独悲。悟已往之不谏，知来者之可追……"

爷爷也是个读过书的人，听到这里大为惊愕，自语道："这不是五柳先生的文章吗？我并没有教过他呀！"

——这个正在"挂车攻读"的10岁男孩就是后来我国近现代著名的化学家、化工专家侯德榜。

侯德榜，1890年8月9日（清光绪十六年农历六月二十四日）生于福州闽侯县的坡尾乡。自懂事以来，小德榜就对书籍有一种与生俱来的强烈兴趣，而且对自然科学情有独钟。

一天，正在院子里玩耍的小德榜发现妈妈挎着一篮子白色的"土"回来，他好生奇怪，不知妈妈把它弄回来做什么。这种"白土"是房西河畔上长着的一层白色的像土一样的东西。他问妈妈那是什么，用来做什么，妈妈只说那是"白土"，要用它来洗衣服，小德榜更是不解，一连串的问题像蹦豆似的从小德榜的口中跳出来：

"它与一般的土有什么不一样？"

"为啥这种土能洗净衣服？"

"它与胰子一样吗？"

妈妈也无法给好奇的小德榜一个圆满的回答。一连几天，这些问题一直萦绕在他的脑中，他冥思苦想也未得出答案。长大以后，他才明白，原来这种"白土"中含有一种化学成分，而这种化学成分就是他后来几乎为之奉献一生的东西——碱。

自6岁起，德榜一直在爷爷的小学堂读书，由于家庭并不算富裕，所以他没能像许多有钱人家的孩子一样，从小就进入像样的学堂，接受正规的教育。但从小德榜就养成了勤奋好学的好习惯。由于家中农活较多，为了使学习、劳动两不误，他常常将书本随身带着，劳动空余时间，就拿出来读。

他放牛的时候，一手牵着缰绳，一手拿着书本；车水的时候脚踏水车，手捧书本；甚至在帮助妈妈生火做饭的时候，也不忘记读书。

有一次，他因为看书专心而未觉察到柴火已烧到脚边，那一次因为烧破了妈妈为他新做的裤子而受到了责备。

有一天，小德榜跟着爸爸到旱田里去除草。

这一天的时间似乎过得很快。渐渐地，夕阳已经染红了田地那一边的天空。

爸爸看到田里干活的人们几乎都已收工，于是，他也扛起锄头，向地头走去。爸爸年纪并不大，只是由于长期辛勤地劳作，背已经微驼了。

忽然，他发现儿子不见了。

"德榜，德榜！"

他喊了两声，没人应声。他也并未在意，德榜是比他早到地头的，"可能是先回家去了吧！"他猜测着。

于是，他大步朝不远处的村子走去。在经过村子西头那片荔枝树林时，他隐约地听到一阵琅琅的读书声，那声音是那么的熟悉。

"这不是德榜的声音吗？"他听出来了。循着声音，他走进荔枝树林深处，林子的尽头是一条清澈的小溪。溪水映着夕阳中的荔枝树，绚丽多彩，微风带来阵阵扑鼻的香气。多么美丽的景色啊！

就在这小溪边，德榜蜷在一块大石头上，认真地读书。他似乎丝毫没有注意到这将晚的天色和美丽的景观，甚至，当爸爸走到他身边时，他也全然没有觉察到，仍旧聚精会神地读书。

父亲看到这一切，眼睛湿润了。许久，他才轻轻地叫道：

"德榜。"

他听出是爸爸的声音，才抬起头来，拿起工具，站了起来。

"爸爸——"

他那怯怯的样子，似乎是怕爸爸责备他没好好干活。

可爸爸并没有责备他，他抚摸着儿子的头，坚定而亲切地说：

"爸爸一定送你去读书！"

"真的吗？"德榜高兴极了。

小德榜不敢相信这是真的。到学堂去正正经经地念书，这是他多少个日日夜夜梦寐以求的事情，他常常在梦中发现自己坐到了那一排排整齐的桌椅中间，老师站在讲台上为他悉心地讲解，可醒来的时候，一切又与往常一样，使他很扫兴。尽管如此，懂事的小德榜知道家中困难，而一直未向爸爸要求去读书。但爸爸心里明白，儿子是多么希望自己也能像邻居家的小哥哥一样，可以到城里的学校去念书。然而，要支付他昂贵的学费，一家人就得勒紧腰带过日子了。况且，家中劳动人手又不足，德榜在家，多少可以分担一部分父母的劳务。关于这一点，懂事的小德榜十分明白。

这一次，爸爸是真的决心要送勤奋好学的儿子去念书了，他要把自己未能实现的读书愿望寄托在儿子身上。但那么贵的学费怎么筹集呢？他又犯难了。

春耕已经基本结束，忙碌了十几天的侯家大小终于可以松口气了。德榜也终于自由了，他又可以去姑妈家借些书来读，这对于他来说是最快乐的事情。

姑妈家住在福州城里，经营一家小药店，经济状况稍好于德榜家。还是在德榜很小的时候，姑妈就喜欢这个遇事喜欢刨根问底、爱书如命的小侄儿。

那是上一次，他去姑妈家，姑妈让他去堆放杂物的小阁楼上取一件工具。在阁楼上，他偶然发现了几个大木箱里装着好多书，他还从来没有见过这么多的书呢！他高兴极了。就是在那一天，他拿着那本《古文观止》回家了。

从那以后，姑妈家的那个看起来非常破烂的小阁楼便成了小德榜眼中的天堂了。每隔一段时间，他就要找借口去姑妈家一次，一去便径直走向小阁楼，一待就是半天，只是在吃饭时，才在姑妈的再三催促下恋恋不舍地走出来。

有一次，姑妈对德榜的爸爸说："德榜一来就钻到小阁楼里啃书，就像书耗子一样！"

后来，当姑妈听说德榜"挂车攻读"的事时，十分感动，决心资助小侄儿去城里的学堂读书。

在英华书院

在姑妈的资助下,13岁的侯德榜进入了当时有名的英华书院学习。

英华书院是美国美以美教会在福州开办的一所教会中学,坐落在福州仓前山鹤龄。这里环境幽静,景色秀丽。这家书院无论是教师水平、教学设备、图书仪器,还是在生活设施等方面,都是当时福州其他学堂所无法比拟的。

侯德榜进入这所洋学堂读书,祖父、父亲都对他寄予了殷切的希望,希望他能够出人头地。

临走的那天,天刚蒙蒙亮,一家人都起来了,为德榜打点行装。看着父母为他忙碌的身影,德榜心里感动极了,他暗下决心:要好好学习,将来报答亲人们的恩情。

德榜走到院子中，抬头仰望，天空中还闪烁着几颗星星。在晨星下，看看他已经生活了13年的农家小院，那熟悉的竹篱板舍，门前的羊肠小道，房屋西面那片绿油油的荔枝树林，那是他经常读书的地方。看着这熟悉的一切，他心中不禁掠过一丝浓浓的惜别之情，仿佛家中的一草一木都在挽留着他。他想：再不能随爸爸下地干活了；再也不能每天帮助妈妈生火做饭了；再也不能每天听爷爷给他朗诵李白、杜甫的诗了……

他真的不愿意离开他所熟悉、喜欢的一切，不愿离开亲人们，但是，要去的地方对他有太大的吸引力了，那里有许多的知识营养等待他去汲取。

动身时，看着为他送行的爷爷、奶奶、妈妈、小弟，他的眼泪不禁流了下来。这时，爷爷走了过来，语重心长地对他说：

"德榜，你是咱们侯家第一个进洋学堂念书的，一定要刻苦学习，奋发向上，将来做有出息的人，为侯家增光添彩。"

记下了爷爷的话，他毅然地走向了村外那条幽远的小路。

爸爸一直把他送到了英华书院。

在英华书院，侯德榜勤奋学习，刻苦钻研，他的成绩一直名列前茅，赢得了老师和同学们的称赞和钦佩。

侯德榜共在英华书院学习了3年。这是奠定他一生思想基础的3年。这3年他学到了许多东西，包括书本上的知识和书本外的知识。

这期间，一位百科书似的黄先生对他影响最大。

黄先生在英华书院教书。他博学多才、平易近人，非常喜欢侯德榜这个聪明好学的学生，侯德榜也从心里敬佩这位老师的学识和为人。自从入读书院以来，他从黄先生那儿学到了许多书本上学不到的东西。

空闲的时间，他常常到黄先生的住所去，他喜欢听黄先生滔滔不绝地讲述科学家刻苦奋斗的经历；讲康梁二人的变法运动；讲林则徐的虎门销烟。……慢慢地，他懂得了，他不仅要为自己的家族争光，而且他还要为自己的大家族——中华民族争光，要像爱自己的母亲一样爱自己的祖国。

一个星期天的傍晚，德榜在江边慢悠悠地散步。白天，一整天地泡在图书馆中，看书看得他眼睛发麻，腰酸背痛，他想出来舒展一下筋骨。

走到码头，他看到了许多印着洋文字母的货轮停泊在那里，几个手持皮鞭的洋人正驱赶着身负重物的中国人。这些人大多为中年男子，他们衣衫褴褛，多数上身裸露，身上还留着清晰可见的伤痕。忽然，一个瘦弱的中年男子体力不支，倒了下去，这被他后面的一个手持皮鞭的洋人看见，洋人立即走了过来，嘴里一边吆喝着，一边举起手中的皮鞭向那个倒下去的中国人抽打。那个苦力发出了撕心裂肺的哀号。德榜顿时感到那"啪啪"的皮鞭声不是抽打在那个搬运工的身上，而是重重地抽打在自己的心上，他感到一阵难忍的剧痛。

看到这里，他再也忍受不住了，他怒不可遏，正准备冲上前去制止。正在这时，一只有力的大手从后面抓住了他的肩膀，他回头一看，是书院的黄先生。

黄先生并未说什么，拉着德榜向书院方向走去。路上，黄先生对他说："外国人在中国有特权，他们勾结官僚，奴役中国的劳动人民。洋人只花几个银元就可以买到一个中国的劳力。他们对待这些廉价雇佣来的中国苦力就像对待牲畜一样，他们在每个苦力的身上刻上洋文编号，有的还被卖到外国去，许多人在被运往国外的轮船上被折磨致死，尸体被抛入了大海。"

听到这里，侯德榜不禁问道：

"洋人凭什么欺侮我们中国人？"

"因为清政府腐败无能，国家衰弱，科学技术落后于人家呗！如果我们也有他们那样先进的科学技术，有强大的军队，看谁还敢来欺侮我们！"接着，黄先生又深有感慨地说：

"德榜，天下兴亡，匹夫有责啊！你要努力学习，刻苦钻研，用先进的科学技术来振兴我们的民族，我们的国家。"

黄先生一番语重心长的话语，德榜深深地记在了心上。他暗下决心：要用科学来拯救苦难中的祖国。也就从那时起，他决心要为祖国的科技事业献出自己一生的时间和精力。

洋人凌辱、虐待中国人民，清政府却奉行卖国求荣的政策，在帝国主义国家的威胁利诱之下，签订了一些丧权辱国的不平等条约。

这些激起了中国人民的无限愤慨，工人开始罢工，学生开始罢课，各界人士纷纷支援，要求废除不平等条约和取消虐待华工的特权。英华书院的爱国学生也组织了罢课，侯德榜毅然参加了爱国的罢课请愿运动。往日平静的校园顿时变成了学生们向美帝国主义者声讨的战场。

由于英华书院是美国的教会中学，校方当然不能允许学生们对美国抗议。就在侯德榜入读书院的第三年（1906）初，校方把参加罢课的一百多名学生开除出校。侯德榜也在被开除之列。

不久，福州爱国绅士陈宝琛另建一所中学，侯德榜与许多被开除的学生转到这所中学继续学习。

"土包子"与1000分

侯德榜在陈宝琛开办的中学学习近一年,由于成绩优异,被保送到闽皖铁路学校学习测量技术。毕业时,被分配到当时正在兴建的津浦铁路的叫符篱集的一个小车站,从事测量工作。

侯德榜想,这下,可以真正为国家尽一份力量了。可是,到了那里,他才发现,这条铁路并不是中国人的铁路,而是英国人出钱,雇用中国工人在中国的土地上修筑的一条铁路。

这些工人与福州码头的工人一样,受辱受罪,从事着繁重而廉价的劳动。

有一次，一位指导他学习的和蔼可亲的工程师告诉他："用轮船从英国运来的洋货，通过这一条条中国人修筑的铁路源源不断地运进中国内地，而中国人口袋里大把大把的黄金、白银就流入了洋人的口袋里……"

侯德榜想：自己学习科学技术的目的是要振兴自己的民族、拯救自己的祖国，而今呢？却在为英国人做事。于是，他开始怀疑他所从事的工作的意义。

1911年，北京清华留美学堂首次公开招考赴美留学生。侯德榜得知此消息后，心有所动，他想：这不是去国外学习先进科学技术的好机会吗？后来，他决定弃职投考留美学堂。

消息不胫而走，大多数同学同事都觉得他丢了在铁路工作这个铁饭碗真是太可惜了，甚至有人在背后说他是傻子，发了疯。

一位自从上学以来一直与侯德榜同学的同乡特意好心来劝他，希望他能回心转意，他说："老弟，你我可是老朋友了，我是真心诚意地劝你，要舍弃这份工作，可不是件小事，你知道我们农家的孩子能到城里谋到这样一个可以养家糊口的职业，在别人看来是多么不容易啊！许多人想干都干不上，你却要白白地把它舍弃。你可要三思而行,后悔可来不及啊!"

听完朋友的这番善意的劝告,他说:

"老兄,我知道,你是好心好意劝我的,但是我现在主意已定,不会更改,我相信我以后也不会后悔的。"

接着侯德榜又说:

"你看到没有,现在在上海的工厂里做苦工的都是我们中国人,而驱使这些中国人干活的却是洋人;铁路是我们中国人辛辛苦苦修筑的,而且是在中国的土地上,可是用这铁路的却是洋人,他们利用中国人修的铁路来掠夺和奴役中国人。如果在铁路上干一辈子,我个人的生活倒不用发愁,可是我这不是为洋人效劳吗?这次要出国,我就打算把洋人的先进的科学技术学到手,回来用它来开拓属于我们自己民族的工业。"

那个朋友听侯德榜讲得头头是道,便也不再说什么了。

这年元月,侯德榜在考试中连闯三关,进入了清华学堂的高等班。这所学堂就是现在清华大学的前身。

当时进入清华学堂的大部分学生都是有钱人家的子弟,他们大都过着阔气的生活。相比之下,侯德榜这个靠公费维持生活,衣着朴素的农家子弟就显得十分的寒酸和土气了。

有一次，几个有钱人家的阔少爷在一起谈论起谁家更有钱，谁家的房子更漂亮，谁有更多的新鲜洋玩意的时候，一个长得白胖胖的，有着一对眯缝眼的男生的目光忽然落到了正在一边专心看书的侯德榜身上，并且指着他衣服上的一块补丁，有意嘲笑地说："请问诸位，此公灰色长袍上镶一块圆圆的黑布块，此为何种饰物？"此时的侯德榜因专心看书而未听到他们在说什么，只觉得他们的争论影响了他，于是拿起书本向教室外面走去，这时，那个胖少爷又捕风捉影地说："你们看，这位仁兄，走起路来可真是风尘仆仆哇！"另一位阔少目睹侯德榜离去的身影，以鄙夷的目光，随声附和地说："真是个活脱脱的'土包子'！"

这一句话使那一群学生哄堂大笑起来。

从此，那些纨绔子弟或当面或背后就叫侯德榜为"土包子"，对此，侯德榜不加以理会，他没时间和精力去在乎他们对他说些什么，他只专心于他的学业，嘲笑由它去吧，只当做耳边风。

然而，也正是这个被他们称为所谓的"土包子"，在清华园创造了那些纨绔子弟无法创造的奇迹。

天渐渐地冷了起来，宿舍里的条件虽然还算好，白天并不冷，但每到深夜，屋子里就变得冷了起来。那些娇气十足的阔少爷这时早就钻到被窝里去了，只有侯德榜还在挑灯夜读。他有个"今日事，今日毕"的习惯，今天规定的事情没做完，绝不上床睡觉。忙碌中的时间总是过得那样快，他总觉得时间不够用。一眨眼的工夫，夜已深了，那些阔少们夜半醒来，发现侯德榜的床头灯光依然亮着。

每到这个时候，人家都熟睡了，屋子里静悄悄，这时也是他学习效率最高的时候。静静的屋子，也因为人们都睡下的缘故，空间似乎顿时大了许多，寒冷从四面八方向他一个人袭来。渐渐地，他的手冻得起了冻疮……

期末考试刚刚过去，其他同学都急不可待地打点东西，准备回家过春节。侯德榜却不忙，他仍旧与往常一样，早早地来到教室，拿出书来读。

宣布考试成绩那天，教室里人声鼎沸，笑语喧哗，侯德榜却旁若无人地专心看书。

这时，那个给侯德榜起绰号的小胖子，指着正埋头看书的侯德榜说："'土包子'这会儿可不好过了，考完试了还在看书，该不是准备补考吧！"

听他这么说，同学们都看着侯德榜轻蔑地笑了起来。

笑声还未散去，教室的门开了，一位黄头发的美国女教师，拿着试卷走了进来。教室里顿时鸦雀无声，几十双眼睛盯着老师，在等待着老师宣布成绩。

洋老师走上讲台，打开成绩单，瞅了一下仍旧在看书的侯德榜，微笑了。

她开始宣布成绩了：

"侯德榜，数学100分、物理100分、化学100分、英文100分……"

十门功课，不折不扣，总分正好1000分！

同学们不由地把目光全部投向了侯德榜，那几个平日里常叫侯德榜为"土包子"的阔少们顿时瞠目结舌，对这个"土包子"，他们不得不刮目相看了。

从那以后，那几个人再也不叫他"土包子"了。

十门功课，总分1000分。这不仅使同学们羡慕和敬佩，同时，这个消息也震惊了清华园。

不久，辛亥革命爆发了。由于清政府占用了清华学堂的经费，没有经费来源的清华学堂不得不暂时宣布停课，侯德榜也只得回老家自学了。

辛亥革命后，清华学堂在改名为清华学校后又开始上课。

1年以后，侯德榜等16人，被批准赴美留学。

留学美国

　　一个烟雨蒙蒙的早晨，"嘟——嘟——"！远洋客轮的长鸣声划破了码头寂静的长空，船要启程了。

　　船身渐渐离岸，站在轮船甲板上的侯德榜看着朦胧中岸上送行的亲友们渐渐缩小的身影和渐渐远离的祖国大陆，心潮激荡，难以平静。

　　他念念有词："祖国，我的祖国，贫弱的祖国！你的儿子为了你，要离开妻儿老小，远涉重洋去学习先进的科技知识，将来，用它来开创属于自己的民族工业。终有一天，我要使您插上科学的翅膀，腾飞起来，等着我的归来吧！"

经过近一个月的海上颠簸,终于到达了美国这块陌生的土地。

他进入了波士顿很著名的麻省理工学院的化工科。他所以选择这个专业,是因为他早已认识到了发展化学工业是振兴民族的重要基础工业之一。

麻省理工学院在全世界是赫赫有名的。它既拥有先进的实验仪器设备,藏书丰富的图书馆,又有精通世界高、精、尖科学技术的,可以夸耀于世的一流教授。

这里的教师的教学方法并不是那种呆板的填鸭式教学。他们重视教给学生们一种独立获取知识的方法。他们给学生们更多的自由的时间,让他们自己去独立学习,鼓励他们多去图书馆。渐渐地,学生们养成了一种独立解决问题的能力。

一贯刻苦学习的侯德榜在麻省理工学院的4年里,利用几乎所有的时间来学习。图书馆的阅览室里他几乎总是第一个来,最后一个离开。这给那个图书管理员留下了深刻的印象,并深深钦佩这个东方青年刻苦学习的精神。

有一天,已经过了闭馆的时间,图书管理员整理完所有的书籍,打算离去。但是,侯德榜还伏在桌子上认真地看书,他似乎已经到了忘我的境界。管理员等了一会儿,见他依然如故。他真不忍去打扰他，但是时间已经不允许了。他轻轻地走到侯德榜的桌前，轻轻地敲了两下桌子。

"对不起，对不起！"侯德榜这才意识到周围的人已经走光了，于是，他深感歉意地说，并解释说："我没有听到铃声！"

"没有关系。"管理员回答。

收拾起书本，侯德榜与管理员一起走出了阅览室。

同路的两个人搭起话来：

"你叫什么名字，是哪国人？"

"我姓侯名德榜，是中国人。"

"你觉得中国与美国相比，哪里更好？"

"虽然我们中国现在还不如美国先进和富裕，但我仍深爱我的祖国。我相信，我们的国家终究会有一天，像你们的国家一样富裕、强大。"侯德榜充满自信地说。

"有你这样的中国人，我相信中国一定会强大起来的。"管理员从心底佩服这位自强不息的中国青年。

实验室也是侯德榜经常光顾的地方。因为他懂得，对于学化学的人来说，只有通过多次实验后才能得出全面正确的结果。

在实验室里，他不知度过了多少个不眠之夜。为了证实一个原理，他忍受实验室里各种难闻气体的刺激，不厌其烦地把一个实验做上几十遍，直到得到满意的结果为止。他的每一个结果都是来之不易的。关于这一点，只要看看他手上被药品烧伤的累累伤痕就清楚了。

在麻省理工学院的4年，他很少走出校园。常常在无意中听到同学们谈起他所未见过的美国的一切：歌舞升平的酒吧间、夜总会；大街上花花绿绿的大幅广告及其他装饰；令人眼花缭乱的自选商场……这一切对于侯德榜来说都是陌生的，都与他无缘。

那个与侯德榜一起到美国来的同乡常常对他说："在美国这个花花世界，不好好玩一玩，整天花在学习上，真是不值得。"他还常在侯德榜的耳边讲一些他所见到听到的珍闻奇事，而这一切并未打动侯德榜的心。在他的头脑中，只有一个念头：多学些科学知识，用它来振兴祖国！

经过4年的学习，侯德榜以优异的成绩获得了学士学位。

毕业以后，他想回国，但当时第一次世界大战正在进行中，导致交通困难。于是，他决意留在美国继续学习，也好能再多学一些科学知识。

1917年，侯德榜进入了纽约的普拉特专科学院，学习制革化学。1年后，他获得了制革化学师文凭。经过一段时间的学习后，又考入了哥伦比亚大学研究院继续研究制革。1919年获硕士学位，接着他继续留校攻读博士学位。

在读博士学位期间，他把"铁盐鞣革"作为自己的科研课题，并获得了优异的研究成果。论文发表后，引起了学术界的好评。

为此，美国两个有名的化学学会分别吸收侯德榜为会员和名誉会员，并且两个学会各发给他金钥匙一把。

一封来自祖国的聘请信

1921年的5月，春暖花开的日子。经过近1年的整理，侯德榜的博士毕业论文终于完成了，再过几天，就要进行论文答辩，侯德榜终于可以暂时地休息几天了。在答辩之前，这篇论文已经得到了许多指导老师很高的评价，他心里惬意极了。答辩进行得很顺利，主持答辩会的老师都对侯德榜的论文极为赞赏。他们共同预言：如果继续努力下去，侯德榜在不久的将来会成为制革业的专家。

走在回宿舍的路上，他感到：他从来没有像这样的轻松过。几年来的努力，终于没有白费，总算取得了一点成绩，他能不为之欣喜吗？道路两边的黄色迎春花开得正灿烂，微风吹来，好像在向他点头致意，在祝贺他取得的优异成绩。

侯德榜正在一边走一边想着，不想迎面正撞见一个同班同学，这位同学手中拿着一封信，拦住了他。

"我正找你呢！给你，你的信。"这位同学说着，把拿在手中的信递了给他。

在道了声谢后，侯德榜回到宿舍，打开信来看，才知道原来是来自国内的范旭东的信。范旭东写了许多，意思是说要侯德榜学成归国，与他共同开创中国自己的制碱工业……

事情原来是这样的：

范旭东是近代中国忧国忧民的实业家，他主张科学救国、工业救国，十几年来一直奔波于中国的实业界，曾经创办了六大精盐公司。在看到当时中国的制碱工业尚是一片空白时，他便萌生了要开创中国人自己的制碱业的念头。

20世纪初的中国并不能自己生产工业用碱以及食用碱，制碱业在中国还是一片尚待开垦的处女地。中国人所用的碱都依赖从洋人那儿进口。在第一次世界大战期间，欧亚交通阻塞，中国人几十年用惯了的洋碱一时运不进来，市场上洋碱也变得紧俏起来。这时，在中国独占碱业产品市场的英国卜内门公司又不肯放出存货。在这种情况下，工业上的许多以纯碱为原料的工厂顿时陷入瘫痪状态。在生活上，北方的人民由于断绝了日用碱的来源，只有吃带酸味的馒头，穿着没有颜色的土布衣服。

在这种情况下，爱国实业家范旭东决意创办中国人自己的制碱厂，在给侯德榜写信之前，厂址就已经选好了，在天津塘沽，但是技术问题却难住了他。

当时国际上制碱技术中最先进的要算是比利时人苏尔维的苏尔维制碱法。由于此法直接用食盐、氨、石灰石作为原料，故又被称为氨碱法。

英美及西欧的一些国家，由于"近水楼台先得月"，都先后采用了苏尔维法制碱。随后，这些国家发起组织了苏尔维工会，规定这种技术的设计图样只向会员国公开，对非会员国绝对保守秘密，并且相约不申请专利。除此以外，他们各自分区售货，互不干扰，中国的市场就是由当时的英国卜内门公司独占。

苏尔维集团对技术的垄断，使外人无法染指，多少国家的人民都曾探索过揭开苏尔维法之谜，莫不都以失败告终。

为了开拓民族工业，范旭东请了几名科学家进行小型苏尔维法的试验，经过几个月的试验，居然获得了成功。

然而要建立制碱厂，还要面对一个重要的问题，就是建厂的设计图纸和设备，没有一整套完善的设备，光有了制碱方法还是不能进行生产；况且创办碱厂与一般工厂不同，在当时还无法购买到整套设备，重要的机器设备均为各厂自制。

范旭东于是派陈调甫到美国，与对制碱事业甚为关心的纽约华昌贸易公司经理李国钦，着手在美国聘用专家为之设计、绘图。他们先聘请了一个居住在美国的法国人杜瓦尔，这个人自称对制碱颇为精通，其实言过其实。工作开始后进展缓慢，而且也没有什么起色。

这时李国钦又介绍了几位留美学化工的中国学生，在暑假期间协助设计，这几个中国留学生中就有侯德榜。经李国钦一介绍，陈调甫与侯德榜一见如故，况且是为振兴自己国家的民族工业，侯德榜很乐于效力。在一起工作的一个月时间，陈调甫与侯德榜便成了好朋友。工作之余，陈调甫在侯德榜面前常常提起范旭东，从而使他深深地了解了范旭东的科学救国、工业救国的主张，对范旭东这个人也是敬仰之至。渐渐地，他觉得与范旭东虽未曾谋面，却在心里已把他当做老朋友了。

暑假结束时，设计工作还没能完成。

后来，李国钦与陈调甫重新聘请了曾在美国一家制碱工厂当过厂长的美国人孟德代为设计。孟德为设计索要一笔数目相当可观的钱，为使设计能尽快完成，他们只好咬着牙答应下来。孟德的设计倒是完成得很快，他只把他原有的一套图纸生搬硬套地拿来，拼成一份图纸交给了陈调甫。他的设计显然不适合中国的具体情况。陈调甫请孟德依照中国的具体情况加以修改，孟德的态度生硬，说："修改的地方我概不负责。"陈调甫愤愤地答道："我负责！"

设计完成之后，陈调甫携带孟德设计的图纸回国了。

回国后，陈调甫就向范旭东介绍了侯德榜，说他学识渊博，工作踏实，并且向范旭东推荐了侯德榜。

不久，建厂的工作全面展开，然而工厂中却没有一个能胜任全权主持的人。这时，范旭东想到了陈调甫曾经向他推荐过的侯德榜。于是就给在美国的侯德榜写了这封情真意切的信。

侯德榜一遍遍地读着范先生的信，他已经被范先生的那种献身民族工业的雄心和赤诚的浓浓的爱国热情所深深打动，并引起了强烈的共鸣。

但是，侯德榜一想到要放弃自己刚刚有所成就的制革技术、投身于还不精通的制碱工业，心中便矛盾重重。这可不是儿戏，他需要慎重地考虑。

几天以来，他一直夜不能寐，耳畔常常回响着两种声音：一种是他的博士生导师对他说的，"你的制革技术已经达到了相当高的水平，如果你继续努力下去，你很可能很快就会成为国际上研究制革技术的权威"；另一种声音就是范先生写的，"回来吧！中国制碱业这块处女地等待着你来开垦，回来吧，祖国人民在企盼着你的归来。"

他不能二者兼顾，否则，哪一种都不会做好，他越想越矛盾，他真的有点无所适从了。

自从与陈调甫相识以后，在与他的一次次交谈中，侯德榜感受到了范旭东为实业救国而奔走呼号、四面碰壁的情形，他深为范先生的精神所感动。他想：范旭东东奔西走，又劝他回国，为的是什么呢？难道不是为了振兴民族工业吗？而他研究制革、投身科学，为的又是什么呢？不也是为振兴中华民族的工业吗？这不是殊途同归吗？

像范旭东这样的爱国志士，他怎么忍心不助他一臂之力呢？国内的制碱工业尚为一片空白，自己也应该做一个开拓民族制碱工业的拓荒者。

想到这里，他毅然回信，欣然应允了范先生的请求。

第二天，他便为范旭东的新创制碱厂——永利碱厂在美国验收有关设备，并且，在以后的时间里考察了美国的几个制碱厂，收集了一些相关的资料。

1921年的10月，侯德榜登上了轮船，渡过太平洋，回到了已经阔别8年之久的祖国。

蓝领的总工程师

1921年，侯德榜从太平洋彼岸的美国归来，与家人在一起过了一个团圆的春节。8年了，一直没能回国与妻子儿女团聚。

妻子张淑春是个任劳任怨、善解人意的农家妇女。自从结婚以来，因为侯德榜大部分时间都在外地求学，妻子便成了家中老老小小的顶梁柱，她上要侍奉老人，下要抚育、照顾儿女；白天下地干农活，夜晚又要为老老小小缝缝补补。丈夫不在家，她没有半句怨言。她虽然不能具体说清楚丈夫在忙些什么，可她深明大义，知道丈夫在做很重要的事情。她要让他安心于学业，无后顾之忧。她识字不多，丈夫在外地的日子，她无法鸿雁传书，但她那种真挚的爱丈夫的感情反而与日俱增。

在美国，侯德榜有时因为思念亲人而夜不成寐，心里对妻子怀着无限的感激和深切的内疚之情，他想着儿子、女儿，还有年迈的老父。

从美国回来，为了表示对妻子无限的深情，他特意把自己的博士方帽作为珍贵的礼物赠给妻子，表示他的一切成就都与妻子的支持密不可分。妻子明白，默默地收藏起这份特殊的礼物，她知道这个礼物非同寻常的价值。

这一年的春节，侯德榜是与久别的家人在喜庆中度过的。

春节刚过，侯德榜知道，范旭东在等着他，永利厂在等着他，他不敢有丝毫的怠慢。节日的气氛还未散尽，他便匆匆地赶到了塘沽的永利碱厂投入工作。

来到工厂的第二天早晨，他便穿上蓝领工作装，换上黄胶鞋，来到碱厂工地上。

在碱厂的工地上，范旭东与侯德榜初次见面，便如久别重逢的老朋友一样。也就是从那一天起，范旭东成了侯德榜的良师益友、事业上的舵手，侯德榜也成了范旭东事业上的顶梁大柱。

正当碱厂基建工作全面展开的时候，侯德榜的到来，对范旭东来说无疑是如鱼儿得水，范旭东当即委任侯德榜为全权负责建筑、技术的总工程师。

一天间歇，陈调甫与侯德榜等人正在休息，一个高大的、白皮肤黄头发的美国男子走了过来，未等到跟前，就嚷道："侯博士，听说你来了，这太好了！"

"你好，你好！"说着，侯德榜站了起来，操着在美国8年已经练得很纯熟的英语，一边说着，两个人便走到一起，用美国式的礼节拥抱在一起。

原来这个美国人是永利碱厂在侯德榜未到来之前聘请的工程师。早在美国的时候，他们由于志趣相投便成了好朋友，没想到共同的目的又使他们在中国的塘沽永利碱厂再次相逢。他后来被侯德榜叫做李佐华。李佐华对制碱技术也不是很精通，但他钦佩范旭东的勇气，决意留在中国帮他一把。

寒暄一通之后，侯德榜才发现，他的美国朋友也穿着一套蓝领工作装，便惊奇地问：

"老朋友，你怎么穿蓝领工作服？在你们美国，只有工人上班才穿这种衣服，而像你这样的身份应该穿白领的才对呀！"可他忘记自己也穿着与他的美国朋友一样的蓝领工作服，于是那个美国人说：

"你不也一样穿着蓝领工作装吗？记不记得我们曾说过，我们都是实际工作者，可不是白领的绅士哟！"

旁边的人，听着他们的谈话，看着他们同样的打扮，都哈哈地大笑起来。

侯德榜接着又说："白领的衣服呀！我看留着我们到庆功宴上再穿吧！"

说完，几个人又一起走到工地现场，消失在许多工人之中，开始指挥安装工作。

原来，在美国，穿蓝领衣服与穿白领衣服是两种身份和地位的象征。工程师和政府职员都穿白领工作装，而在工厂里从事体力劳动的工人都穿蓝领工作装，因此有蓝领和白领两个层次之分。

安装工作的初期进展很顺利。

一转眼，十几天的时间过去了，安装工程进入了紧张阶段，下一步要进行的是蒸氨塔的安装，这是整个工程中最重要的环节，也是难度最大的。

一大清早，侯德榜、陈调甫，还有那个美国工程师，就来到了工地上。

蒸氨塔大约有30多米高，2吨重，上面用上千个大的螺栓加以固定。安装所要做的工作是把这个庞大的设备吊装起来，而现有的起重设备又太有限，要顺利地安装，对他们来说无疑是个巨大的挑战。

面对这项艰巨的工程，侯德榜神情镇定，他先让十几个工人把蒸氨塔用钢丝绳牢固地捆住，然后再用起重机往上吊。

一切工作准备就绪，技术操作人员各就各位，就等待总工程师一声令下了。

"开车！"侯德榜一声令下，那个庞大的蒸氨塔开始缓慢地上升。这时每个人的神经都处于高度紧张的状态中，都在为这个庞然大物担心，一旦这个不大合格的起重机失灵，那么这个价值上万元的设备就要全毁了。

时间似乎过得很慢，1分钟，2分钟……大约过了十几分钟，未出现什么意外，一切正常，大铸件终于安装到位了！

在场的所有的工作人员都松了口气，侯德榜一颗悬着的心也放了下来。

经过全厂职工1年的辛勤劳动，施工建设和设备安装的全部工程竣工了。

下一步，就要试车了。说实话，由于对苏尔维法的了解并不彻底，况且苏尔维集团对外所宣布的技术程序又不知是真是假，所有的技术人员又都没有经验，都是第一次面对这种技术，试车过程中会出现什么问题，侯德榜的心中没有底。

但不管怎样，工程竣工是一件值得高兴的事，无论如何，总要先试一试才知道哪里会有问题。

试车开始不久，就发生了故障。工人们发现，巨大的蒸氨塔不久就开始抖动起来，接着它的内部发出了轰轰的巨响，而且响声和抖动在不断加剧。情况很是危急。

在场的人都惊慌失措，侯德榜也是第一次见到这种情况，但身为总工程师，他不能慌，必须镇静。于是他高呼：

"停车，停车！"

不一会儿，巨大的蒸氨塔开始稳定下来，响声也渐渐消失了。

查了半天，没有查出毛病出现的原因，技师们急得团团转，侯德榜眼睛直盯着蒸氨塔，在皱眉思考：毛病到底出在哪里呢？

"追到底"的精神

范旭东听说蒸氨塔出了毛病,很是担心,急匆匆地来到了现场。

只见几个人扛着梯子,搭到了蒸氨塔上,侯德榜对他身边的几个技师说:"跟我来,追到底,我一定要查它个水落石出!""追到底",这是侯德榜在遇到技术困难时常说的一句话,就是凭着这种锲而不舍的精神,侯德榜在化工界取得了一项项显著的成绩。

范旭东微笑着点了点头,对身边的美国朋友说:"侯先生的精神真令人感动,有这样的总工程师,我想碱厂的正常运转指日可待了!"

那个美国人则竖起大拇指说："侯先生真令人佩服。"

侯德榜命技师们把大气孔都打开，他自己也爬上了梯子去打开大气孔，当打开一个气孔时，一股热气从气孔中向侯德榜迎面扑来，热气中夹杂着刺鼻的氨气味，呛得他差一点从梯子上掉下来。热气散尽后，他发现塔里的溢流管道里外到处是白色的固体物质，溢流管已经被堵得严严实实了。他明白了，就是这些白色固体，堵得上面的液体下不去，下面的气体上不来，整个塔便因流动的气体受阻而抖动起来。

他用工具取下一块滚烫的白色固体，下了梯子，准备到实验室去化验一下。

经化验得知这种白色固体是硫酸钙沉淀物。出现这种沉淀的原因是原料中的硫酸铵液体的浓度过大了，它与石灰液体相遇后，发生化学反应，生成硫酸钙，同时又由于进料很快，未能使固体的硫酸钙及时地排出去，这就是造成管道堵塞的原因。

根据化验的结果，减少了硫酸铵液体的浓度，调整了进料速度后，蒸氨塔就不再抖动了。第一个困难问题解决了，第二个难题又出现了。

一天傍晚，侯总工程师正在收拾东西，准备回家看看正在生病的长子虞篪。前几天，家乡来人捎信说，长子生病，那时，正在安装蒸氨塔，他走不开。本来蒸氨塔在试验并修好以后，他可以回家看看儿子了，他以为厂里不会有太大的问题，于是收拾好东西，推开门正准备走，不料煅烧车间的一个工人慌慌张张地跑了进来，急忙地说："侯博士，出问题了，快去看看吧！"

"什么？"

"干燥锅不转了！"

听到这里，侯德榜二话没说，放下提包，就往煅烧车间跑去。

他上气不接下气地跑到了车间，只见几个技师正在围着煅烧炉商量处理办法。他们见侯德榜来了，立即向他详细地报告了问题出现的经过，他断定这是炉子结疤造成的。于是他捡起一根玉米棒子粗细的大铁杆，朝炉子的结疤处不断用力地捅去，不一会儿，旁边的人看见他的脸上已经渗出了豆大的汗珠，身上的衬衣也被汗水湿透了，没过多长时间，他已经精疲力竭了。

放下铁杆，经过一个技师的提醒，他恍然大悟，单凭力气怎么能解决技术问题，况且他只是一介书生，他后悔自己不该鲁莽从事，并且以此教育周围的同事们："技术上的问题，要慎重考虑再动手。"

于是，他带领几个技师，连夜去实验室。经过几天几夜的分析和反复的试验，他们终于得出结论：结疤的原因是重碱的水分太高。于是降低了重碱的水分后试验，果然，结疤问题解决了。他们赶快回到车间，把降低了水分的重碱投入使用，此后，煅烧锅再没有出现结疤现象。

问题解决了，侯德榜与他的美国朋友又一次高兴得拥抱在一起。本来，在结疤问题出现后他的美国朋友觉得碱厂未投入使用就遇到了这么多困难，对"永利"的成功已经失去了信心，并打算辞职回国。但当他看到侯德榜的那双由于熬夜已经布满血丝的眼睛，那种坚韧不拔、百折不挠的干劲，他又有了信心，从此打消了回国的念头。

结疤问题解决后，他终于抽出一点空余时间回家，他太想看看正在生病的儿子。他回家后，看到儿子已经康复，自然很高兴，但他未敢久留，又匆匆地返回工厂。

为了能把永利碱厂建成功，他把全身心的精力和时间都投入到工作上。为了弄清一个故障出现的原因，他常常一连几夜在实验室里不眠不休地做试验，桌旁边总是放一杯牛奶和几块面包。喝牛奶、吃面包的习惯是他在美国生活期间养成的，这本是美国人早餐中最常吃的食品，由于简单而省时，所以侯德榜常把牛奶面包作为他中餐和晚餐的食物。每当工作到深夜肚子饥饿时，他常常眼睛盯着试管和实验数据，喝几口牛奶、吃几片面包后又继续工作。

有时候，为了找到问题出现的原因，他常常身先士卒，第一个下到灼热的石灰窑里，或是钻进满是油污的下水道里。在永利厂试车的过程中，工人们常常看到他衣服上被高温炉子烧坏的窟窿和满面的油渍污点。难怪范旭东这样称赞侯德榜："奋不顾身，寝食于工厂。"

在一年多的试车过程中，侯德榜与他的助手们排除了数百次大大小小的临时故障，经历了数百次的修改和调试，这样，他们才渐渐地摸索到了苏尔维法的路子。

1924年8月13日，历尽万难的制碱生产线首次正式投产了！许多人聚集在出碱口。人们热切地企盼着中国碱的诞生。随着轰隆隆的机器运转声，出碱口的碱终于出来了：呈现在人们眼前的并不是想象中的雪白的碱，而是暗红色的，与卜内门的纯白的洋碱在质量上无法相比。

范旭东、侯德榜、陈调甫和他们的美国朋友，站在那里惊呆了。难道三四年的艰苦奋斗，投入160万元的巨资换来的就是这种暗红色的不合格的碱吗？范旭东该如何向等了几年的股东们交代呢，他们还能买"永利"的账吗？

现在，摆在永利厂面前的形势是非常严峻的，范旭东对侯德榜等人说："目前，只有两条路：一条是知难而退，变卖一切设备、遣散所有工人，我们这些人各奔东西；另一条是知难而进，继续干下去，弄清红碱产生的原因。"

范旭东的话还未说完，侯德榜等人便不约而同地说："继续下去，追到底，一定要弄清红碱产生的原因。就此而退，我们不甘心！"

侯德榜接着说："我们的产品不是生产出来了吗？既然产品是碱，不是别的，我们就应该有信心。我想红碱产生的原因，可能只是因为某个环节中产生了铁锈，进入了产品中，碱才呈现红色。许许多多的关口，我们都闯过来了，最后一个关口难道就把我们吓倒了吗？"

一番话说得在场的同事们群情激昂，他们纷纷表示同意侯德榜的意见。范旭东看到这里，不由得热泪盈眶。有侯德榜等人的支持，他相信，最后的难关会闯过去的。

第二天，在全厂大会上，范旭东和侯德榜向全厂职工宣布了坚决与困难斗争到底的决心，并号召全厂工人共同努力，走出困境。

之后，侯德榜又率领几个技师走进实验室，开始检验红碱的成分。果不出侯德榜所料，结果证明确实是铁锈在作怪。但是，哪个环节会产生铁锈而进入产品中呢？他们继续挖掘根源。

他们先从分析原料入手：他们认为，在使用炼焦炉、粗氨水为原料时，其中含有的硫离子与器壁接触时在铁器表面形成了一层保护膜，这层膜可以使铁器壁不被腐蚀，也就避免了氧化铁的生成。经过这样分析，得出了结论：只要在原料中加入适量的含硫离子的物质不就可以了吗？

在侯德榜等人的反复试验下，碱的颜色开始变白，正准备把试验的方法投入生产线中，然而，意外的事情又发生了。1925年3月，水利碱厂的四台煅烧炉中的最后一台烧坏了。这时工厂也只好被迫停工。

揭开苏尔维制碱法之谜

　　困难不仅来自内部的技术问题上,而且在外部永利厂还受到英国卜内门公司的百般刁难。卜内门公司想利用英国人在中国的特权,把我国的民族制碱工业扼杀在摇篮中。在碱厂试车初期,他们企图以工业用盐来征收高额税欲置永利厂于死地。当这一目的没有达到时,他们想趁永利厂停产时吞并永利制碱厂。然而,范旭东态度坚决,绝不许"无中国国籍者入股"。

　　在永利厂处于内外交困的局面下,夜深人静,范旭东久久不能入眠,他思绪万千,永利厂创办四五年时间内所发生的事情像放电影一般在脑海中闪过。为解决资金问题,他奔走呼号,四处求援,而英国人、日本人百般刁难他,多少国人也为他捏一把汗,也有人对他的努力嗤之以鼻，说着难听的风凉话……为解决技术上的一个个困难，侯德榜带领技师们夜以继日、呕心沥血地拼搏。这几年，侯德榜给他巨大的支持，事业上的相濡以沫，使他们成为不可分离的伙伴和挚友。侯德榜的实干精神使范旭东有信心把制碱厂继续办下去。

经过仔细的考虑，他毅然决定派侯德榜和他的美国朋友等人到美国去学习，寻找永利失败的原因；工厂裁减工人和职员节约开支，以渡过难关。

到美国后，侯德榜等人一次次地到美国的各碱厂深入调查。最后，他们终于发现了当年孟德所设计的图纸，并不是当时最先进的方案，尤其是"永利"的煅烧炉，在当时的美国早已经被淘汰了。永利厂的失败即源于此。

在国内，永利厂的工程师们也认真总结碱厂的经验教训，检修全部设备原件和工艺流程，改造后的碱厂，在设备和技术上已经有相当程度的提高。永利厂的技师只等侯德榜回来，就再次开机试车。

从美国回来的侯德榜等带领技师们又重新检修制碱的流程，在各方面条件都具备的情况下，决定再次开车。

1929年6月29日，永利碱厂又一次开车生产，侯德榜坐在调度室的传话器前，神情庄重而紧张，当最后一个"准备完毕"的口令传过来时，侯德榜对着传话器说：

"准备——开车！"

巨大的长龙似的机器开始运转了。

"一切正常"的传话声不断从各个环节传来。随着轰轰的机器声，范旭东、侯德榜及其他负责人不约而同地都来到了产品包装室。等待着雪白的碱的出现。虽然对碱的出现已经有了十分的把握，但每个人的心情都是复杂的，他们心中在祈祷；那个美国人不断地在胸前划着十字，口中默默念着："上帝保佑。"范旭东、侯德榜等人的眼光都汇集到出碱口，他们像等待十世单传的婴儿降临一样。

成品终于出来了！

"白色的碱！"

人们异口同声地喊了出来，范旭东抓出一把雪白的碱，泪水夺眶而出，他走到侯德榜面前，无比激动地握住了侯德榜的手，用颤抖的声音说："侯博士，我们终于成功了！终于成功了！"侯德榜也眼含热泪，点了点头，他激动得一时说不出话来。

永利碱厂终于生产出纯白的中国碱！这是每个永利人四五年来的夙愿，特别是对范旭东、侯德榜、陈调甫等人来说，更是无比的兴奋。多少年来，英国人在中国横行霸道，他们随意地提高洋碱的价格。中国的民族工业受制于洋人，而今中国人有了自己生产的合格的碱了，不再靠洋人施舍了。苏尔维集团的技术封锁并没有难倒中国人，中国人依靠自己的智慧和力量，终于揭开了苏尔维法的秘密。

万国博览会上的金奖

1929年8月，美国费城。

在这里，正在举办世界性的盛况空前的万国博览会。

展览大厅中，人头攒动，热闹非凡。大厅中央放着一袋雪白的中国永利纯碱，旁边还有万国博览会的获奖证书。产品外包装的商标是红色三角形。这红色三角形如同红色宝石一般引人注目，上方印着遒劲的四个汉字"中国永利"，中国的红三角纯碱获得了万国博览会的金质奖章。

当喜讯飞越太平洋传到中国塘沽时，永利碱厂为此举行了隆重的庆祝大会。

这一天下午，侯德榜与他的美国朋友相约换上了白领礼服，在会上范旭东激动地说："我们今天的成功，来自我们全厂职工的不懈努力。用苏尔维制碱法制碱我们是亚洲第一家，我们不仅为国家争得了荣誉，而且也为我们中国人争了口气。我觉得首功应该记在侯博士身上。多年以来，他奋不顾身，寝食在工厂，为'永利'闯过了一个又一个难关，为了'永利'，他不知多少个晚上没有合眼。几个月甚至1年，他也顾不上回一次家。我认为，侯博士所受的苦比我们任何一个人都多。'永利'的成功，同时也离不开大家的支持、努力和帮助，众人团结力量大嘛，我谢谢大家！"说完向大家行了一个拱手礼，全场报以热烈掌声，经久不息。

接着，范旭东举起了酒杯，对所有在场的人说："为我们'永利'的成功，我们同饮此杯！"

庆祝大会上，大家觥筹交错，相互举杯，沉浸在一片喜庆的气氛中。

侯德榜站起来，端起酒杯，走到他的美国朋友面前，举起酒杯说："我亲爱的朋友，你不仅帮助了我，帮助了'永利'，而且帮助了中华民族，我送你一个中文名字，就叫李佐华吧！来，我敬你一杯！"话音刚落，全场就响起了热烈的掌声。

李佐华站了起来，说："我也被侯博士那踏踏实实、刻苦钻研、百折不挠的精神所感动，你使我真正认识了中国人，要不是侯博士，我恐怕早就回国了！为了'永利'的成功，中国人的成功，范先生、陈先生、侯博士诸位朋友，我们共饮此杯。"说完，大家一饮而尽。

庆祝大会在一派欢乐气氛中结束了。

获奖之后的红三角碱名声大震。洋碱在中国已经没有多少市场了，卜内门公司的业务也陷入了困境，他们后来不得不与"永利"订立在日本代销红三角碱的协议，更多的股东加入了永利股份。

苏尔维法被中国人揭开，如果高价出卖苏尔维法专利，则永利厂可以获得一大笔资金。这无疑是对"永利"和侯德榜本人极其有利的。侯德榜想：我们一直痛恨苏尔维集团的技术封锁，他们的目的无非是为了永久的高额利润。而"永利"要是出卖专利，不也会同样遭到世界人民的痛恨吗？他又想到麻省理工学院的一位老师说过的话："科学技术是属于全人类的，一个真正的科学家的天职就是造福全人类。"

想到这里，他觉得应该写部全面阐述苏尔维制碱法的著作。他的想法和范旭东的想法一拍即合，得到了范旭东的支持和赞成。

于是他开始动手查阅资料，统计数据。经过一年多的时间，终于写完了《纯碱制造》，把苏尔维制碱法的奥秘无偿地公之于世。

1933年，《纯碱制造》在纽约出版。

出版的第一天，一个风和日丽的早晨，阳光刚刚洒满大地，纽约一家专营畅销书的书店与往常一样打开店门，迎接着四方顾客。这家书店平时全都精心地陈列着各种畅销书的样本，用大幅彩色广告装饰着，琳琅满目。今天，橱窗的布置却完全不同了。原来的彩色广告和书籍全撤掉了；在作为背景的几乎占尽橱窗的一幅田园风景画前，放着一本深蓝色封面，烫着金字的书：这就是侯德榜所著的"Manufacture of Sode"（《纯碱制造》）。就是这本朴素的书引来了络绎不绝的顾客。书店橱窗前不一会儿就挤满了攒动的人群，都在争相购买这本书。

在橱窗的画面上，人们看到的是中国南方的水乡田园风光：一个10来岁的英俊的东方少年正在小河边踏着水车，手捧书本正专心致志地读书，旁边一座木板房，一排木篱笆，房前一片荔枝林，林子的尽头便是一溪春水。

这就是《纯碱制造》的作者侯德榜少年时"挂车攻读"的形象。

当天，43岁的侯德榜就住在纽约百老汇路的青年会馆里。这是留美学生经常在此欢聚的廉价宿舍。

那些记者和买到书的读者跑了许多豪华饭店去找他们敬慕的侯博士签名。他们认为这种豪华的地方才符合侯博士的身份，他们在四处碰壁之后找到了作者下榻的地方。见面以后，人们以不同方式表达表达了他们的敬意和感谢。有的人远远地就向侯德榜脱帽敬礼，有的人张开双臂拥抱他。侯德榜此时的心与各种肤色的人的心融汇到了一起。

筹建硫酸铵厂

中国有句谚语："千里之行始于足下"，而这句话对侯德榜来说却又有了一层新的含义，他把创办民族化学工业比作千里之行。要振兴民族的化学工业，就要从基础做起，制碱、制酸既是化学工业的基础，又是化学工业的两大支柱，制碱的成功只是迈出了左脚，写出了一个"彳"（chì）字，还应迈出右脚，写出"亍"（chù）字，这就是制酸。只有双翼齐飞才能使中国的化学工业腾飞。

碱厂顺利运营后，范旭东便想到了要创办制酸业。硫酸、硝酸、氨等是近代化肥的主要原料，振兴制酸业，对于中国这个以农业立国的国家来说，具有重大的意义，因此他认为创办制酸业是当务之急。

范旭东的想法也是侯德榜的想法。在1931年赴美期间，侯德榜便利用空闲时间参观和考察了美国的制酸工厂。

1933年，在美国的侯德榜收到范旭东的电文："有报国重任，亟待回国并肩战斗！"是啊，"天下兴亡，匹夫有责"。他永远也忘不了英华书院黄先生所说的话。他时刻都在准备着为祖国奉献自己的每一分光和热。

1933年3月29日，侯德榜风尘仆仆地在天津码头下了轮船，他看到了范旭东和几个"永利"同事热切盼望的目光，他没有心思和时间去参加各界人士为他举办的各种洗尘宴会，也没有充裕的时间去与妻子、儿女共享天伦之乐，第二天他便急匆匆地回塘沽永利制碱厂。

一到塘沽，他便与范旭东等研究如何创办硫酸铵厂。

技术问题侯德榜在美国期间已经了解，有很多公司愿意向中国出售全套技术和设备，创办硫酸铵厂不需要像创办制碱厂那样要面对技术封锁问题了。

而资金问题，由于制碱的成功使永利公司内外人心大振，资金不难筹措，已有五家大银行支持。

11月22日范旭东正式呈文政府，要求承办硫酸铵厂。行政院经过讨论同意范旭东承办硫酸铵厂。

还有一个选择厂址问题。为了选择一个适当的厂址，范旭东又奔走于南北各地，最后选择了南京对岸的卸甲甸。这里靠近长江，是水路要塞，三面高丘环抱，适于建厂。传说当年楚霸王项羽率军队曾在这里路过卸甲歇息，此地就是因此而得名的。

"永利"的制酸厂因厂址选在南京，又叫永利宁厂。

1934年春天，侯德榜带领6名技术人员乘"日本皇后号"客轮又一次赴美进行硫酸铵厂的设计、采购、培训事宜。

经过近1个月的海上漂泊，侯德榜一行抵美旧金山，没想到办理入境手续时，却受到美国移民当局的无理刁难，他们知道侯德榜一行是中国人时，那个负责办手续的美国人蛮横地说："中国人不许进入！"

"为什么？"他们不解地问。

"不让你们进你们就不能进入。"那个人态度更加蛮横。

而排在他们前头的那几个英国人却顺利地过境。为什么中国人就不许入境，侯德榜非常气愤。后来，他通过在美国的一个朋友才得以入境。

侯德榜在给范旭东的信中说："中国人在外国人眼里，简直和狗一样，要你进去就去，不要你进去就得回去；可外国人到中国来，如入无人之境，政府还要派人保护他。伤心啊，中国人！"

后来，他回忆起此事仍然十分愤慨，写下诗一首：

> 祖国昏沉思悄然，
>
> 自愁无力可回天；
>
> 从来有志空余恨，
>
> 刀锯余生已几年。

他想：美国人为什么可以欺侮中国人，不就是因为美国比中国强大吗？落后就要挨打，就要受欺侮。

"中国要强大，一定要强大！"这是发自侯德榜心中的呐喊。而中国要强大，作为化学家的侯德榜来说，他能做的就是振兴民族化学工业。在化学工业这块贫瘠的土地上，他甘心当一头勤勤恳恳、默默无闻的老黄牛。他要拉起尚不锐利的犁，犁出中国化学工业的一片新绿。

这一次的经历，更坚定了他为化学工业奉献一生的决心。

到纽约之后，他立即设立了办事处，接着在对比了多家公司的合成氨流程后，最后确定采用一家氨气公司的设计，并且与这家公司签订了合同。

在设计过程中，侯德榜提出：对水质、焦煤和硫黄等原料标准，概以最差值计算，不允许照搬美国的情况。

美国厂家的原有图纸不能套用，700多份图纸全部重新绘制，而且几乎每一张图纸都经过侯德榜的严格审查，不合格的绝不能使用。

在采购设备方面，侯德榜更是精打细算，凡是国内能够保证质量，自己能够动手解决的，决不盲目到国外订货；在引进国外设备时，他巧妙地利用各厂商之间的竞争，选择适用又便宜的设备，对必要的关键性设备则不惜以高价择优选购。

后来，回忆往事他还不无感慨地说："中国是个穷国，钱有限，该花的钱要花，如果可省的钱不省，这怎么对得起'永利'在国内的同仁？我们是靠借债办厂的，为这笔债，每年要支付几十万元的利息，这些钱主要靠塘沽的碱厂每天1吨多的纯碱来负担，不省一点行吗？"

在纽约期间，由于要多方面衡量利弊，每天来往的问询、议价的上百封信函，大部分都是由他亲手处理，为此他每天都工作到深夜。

到美国的近一年里，他和他的技师们从来没有真正休息过一个周日，长期的不停止地工作使侯德榜本来很健壮的身体也难以支撑了。

1935年8月，侯德榜染上了在美国当时的一种流行病——花粉症。夜间常常因鼻塞呼吸困难而难以入眠，白天精神疲倦，尽管如此，每晚尚需十一二点钟才离开办事处返回寓所。

恰恰这个时候，他收到家中来信，说：老母亡故。他身为长子却不能返回家中亲自安葬操劳一生的老母亲，深感愧疚。祸不单行，几天后又收到家中来信，说：家中财物被盗，被窃去物件颇多。此时侯德榜的心中愁绪迭起，他万分惦记家中情况，而眼前采购设备的谈判正处于关键时刻，他又走不开。万般无奈，只好电告其弟侯敬思，让他去料理家中事宜。在给范旭东的信中说道：

"私人身体、家庭情况、国事情形，无一不令人烦闷，设非隐忍顺应，将一切办好，万一功亏一篑，使国人从此不敢再谈'化学工业'，则吾等成为中国之罪人矣。吾人今日只有前进，赴汤蹈火，亦所弗顾。其实目前一切困难，在事前早已见及，故向来未抱丝毫乐观，只知责任所在，拼命为之而已。"

"只知责任所在，拼命为之而已。"说得多好啊！也正是这种强烈的责任心，使他能带病工作，无暇顾及家事，也正是这种强烈的责任心，才使侯德榜为祖国和人民作出了那么多的贡献。

双翼齐飞

1936年春，侯德榜圆满完成任务，远渡重洋，回到思念已久的祖国。

铵厂的同事们听说他们的侯厂长要回国，回到卸甲甸，特地做了一番安排和布置。他们特别请了书法家李滋敏用斗大湖笔书写了欢迎标语，还特意派人去买了10万响有名的浏阳礼炮，全厂职工准备在从码头到住所的大路两侧夹道欢迎他。人们热切地希望向这位风尘仆仆的侯厂长表示慰问和敬意。

然而侯德榜却毫不声张地从另一条小路来到了卸甲甸的办公室中。他在卸甲甸前不卸甲，了解了一下工程进展情况后，就换上蓝领工作服来到工地上。

当欢迎他的人们在工地上发现了已穿上工作装的侯德榜时，大家顿时围了上来，新老同事热烈地鼓掌，欢呼声和锣鼓声、鞭炮声混成一片，此情此景，使侯德榜感动得热泪盈眶。

人群中不知谁喊了一声："下面大家欢迎侯厂长讲话！"又一阵热烈的欢呼声，叫好声。侯德榜看着大家，一时竟不知说什么好。稍微迟疑了一下，他才用激动而颤抖的声音对大家说："诸位，你们辛苦了！记得在我临去美国之前，这里还是整田平地，而两年后的今天，这里却是厂房林立，管网密布，气柜高矗，机器声轰响。这一切该归功于你们。我身为厂长为没能与你们并肩作战而深感遗憾。今天，你们还花这么大的力气来欢迎我，我深感惭愧。……时间是宝贵的，让我们马上各就各位，用你们新的劳动成果来欢迎我吧！我也要与大家一起并肩作战，创造新的成绩来向大家表示谢意。"

侯德榜回国十几天后，在美国订货的核心设备氨合成塔从大洋彼岸运到了码头。这个设备重达100多吨，在当时还没有一种交通工具能够把这个笨重而庞大的铁家伙运到厂区。国外有这种起重机，可要进口一台这种起重机，则需要一笔巨款，而对于资金并不富裕的新厂来说是难以承受的开支。于是侯德榜派人到青岛、上海等地考察后，决定从码头到厂房的路上铺设一条专用铁轨，自己造两辆吊车，从码头轮船上吊起这个庞然大物，然后用吊车沿铁轨拉进厂房。

侯德榜就这样用简陋的吊车设备，巧妙地把这个庞然大物安稳地运到厂房，为工厂节省了一笔巨额资金。

几天后《海王》杂志把此事当做特号新闻刊登出来，外国专家无不惊讶，佩服这位中国科学家。

在所有设备都安装完成以后，就是试车前的准备工作了。

试车前的准备工作繁杂而紧张，像对一个人进行各方面的体检一样，不能放过任何一个微小的部分。因为要建一个联合性的化工厂，要求每一个环节都必须万无一失，否则整个生产流程都会受到影响。

1936年底，整个铵厂工程已经进入扫尾阶段，更是繁忙。白天，侯德榜整天来往于各生产环节之间，指挥安装调试，大到设备流程，小到一个细小部件，每一项侯德榜都亲自过目。夜晚，他又要坐在办公桌前，审阅图纸，制订计划，亲自处理一些业务函件。

指挥安装调试这段时间，他总是天不亮就起床，蹑手蹑脚地，生怕惊醒身边熟睡的妻子。然后匆匆热一下妻子头一天晚上为他准备好的牛奶，就着面包吃几口，便又匆匆夹着那个他常常带在身边的、装满图纸和其他资料的公文包，驱车向工厂驶去。

还未从美国回来，同事们早已把他的家眷接到了南京，并且安置好了。这样，他每天可以回家得到妻子悉心的照顾。每天，妻子总是做好饭了，让儿女们先吃，而自己却在等着丈夫回来一起吃。丈夫回来后总是筋疲力尽，她为他打洗脸水，把热乎乎的饭菜端到他面前，然后陪着他吃。

她细心体察丈夫，发现了丈夫的额头上渐渐密集的皱纹和两鬓初露的白发。自从回国以后，侯德榜的体重已经比出国前减少了十几斤，妻子从心眼里心疼丈夫，希望他能多休息。

一天晚上，夜已经深了，妻子一觉醒来发现侯德榜的书房中还亮着灯。于是起身轻轻地走到侯德榜身后。一根蜡烛已燃尽，侯德榜又燃了一根，继续埋头工作。看到这些，妻子心疼地说："休息吧，都快十二点了。"侯德榜回过头来看看妻子，安慰她说："你先睡吧，我马上就睡。"

第二天，天刚亮，妻子起床，发现丈夫早已上班去了。走到书房，她看到昨晚那根新燃的蜡烛已经燃尽了。这是一种能燃4个小时的蜡烛，算计一下，妻子知道了丈夫大约工作到凌晨3点，她不知道丈夫有没有睡觉。

在试车前的每一天，侯德榜大都是这样夜以继日地工作着。他的心中只有一个目标：无论如何，要把硫酸铵厂建成。

1937年，新年的钟声刚刚响过，硫酸厂、氨厂、硝酸厂、硫酸铵厂，各个分厂分别向总厂报告验收完毕，各项开工前的准备工作都已完毕。

试想：铵厂的设备来自英、美、德各国的许多厂家，还有一些是我国自己制造的，经过侯德榜的设计和安装，最后全部成龙配套。这需要何等的学识、才干和宏韬大略！侯德榜是化学工业的先驱者，又仿佛是大交响乐团的指挥，在那种复杂的社会条件下，在中国的化学工业贫瘠的土地上，演奏出了民族工业最美妙最和谐的乐章。

从1月4日起，各厂的技师、技工进入岗位，开始倒班制作业，我国的第一座规模宏大、设备先进的化工厂即将正式投入生产。

1月26日，下午5时，硫酸铵厂第一批合格的硫酸生产出来了！

1月31日10点，合成氨厂生产出了氨，纯度为99.9%，完全合乎要求。

2月5日下午3点，合格的硫酸铵也生产出来了。

接着，硝酸厂也顺利投产。一个规模庞大的、整体的联合工厂终于开始营运。

每个"永利"的职工无不欢欣鼓舞，雀跃欢呼！

为了庆祝永利铵厂的顺利开工，侯德榜特意在自己家中举行了盛大宴会，邀请了为永利铵厂作出贡献的各国专家和一直给他鼎力相助的范旭东等老朋友。侯家从来没有这样热闹过。

宴会开始后，侯德榜首先讲话：

"中国10年前创办了纯碱工业，我认为这是中国化学工业的一只翅膀，而今在全体永利厂员工的共同努力下和来自各国的各位专家的协助下，永利的硫酸铵的联合工厂已创建成功，中国化学工业的另一只翅膀已经羽翼丰满。现在，有了酸、碱两只翅膀，中国的化学工业腾飞起来了！"

接着，一个叫白思脱的外国专家说："我在世界各地见过许多同类型的化工厂，相比之下，中国的永利厂在速度和质量两个方面是世界一流的。永利的同仁们为工厂的奉献精神和踏踏实实的工作作风让我深深钦佩。愿上帝保佑你们！"

之后，侯德榜的那个美国朋友也兴致勃勃地举起了酒杯说：

"为了永利的成功，让我们干杯！"

是啊，永利成功了。侯德榜终于写出了"行"字的另一半"丁"字，中国的化学工业，已展开双翼飞起来了！

宁为玉碎不为瓦全

南京硫酸铵厂开工不到半年，"七七事变"爆发，日本开始全面侵华，战火烧到了南京江边。

对于这个亚洲一流的工厂，日本侵略者早已垂涎三尺，日本占领南京后，不断地向铵厂施加各种压力，他们要与侯德榜等人进行所谓的合作，并向范旭东与侯德榜等人表示："只要愿意合作，工厂的安全可以得到保证。"其实质是要永利厂为日本帝国主义效力。当侯德榜与范旭东听到这些后，气愤地发出了坚定的誓言："'宁为玉碎，不为瓦全'，宁肯给工厂开追悼会，也决不与日军合作。"

面对日军的侵略，腐败的国民政府却无力抵抗。在民族生死存亡的紧要关头，侯德榜与范旭东毅然决定，为配合战争的需要，让工厂转产硝酸铵，并为铁工厂制造地雷壳等各种军用物资，日夜赶制炸药，送往金陵兵工厂。

日本帝国主义侵略者见利诱不足以使侯德榜等人服从，便以残酷的武力相威胁。

1937年8月21日凌晨，第一次向永利硫酸铵厂投弹数枚；

1937年9月27日，日军第二次轰炸铵厂；

1937年10月21日，大批日军飞机第三次向铵厂扫射。

工厂遭到三次轰炸，设备已损失大半，被迫停产。

这时候遵照范旭东的指示，整理重要的图纸，拆掉能够使用的仪表、机件、工具等，分批地运往武汉、四川，厂里的技术人员也一律携带家眷撤往武汉、四川两地。怀着无比悲愤的心情，侯德榜指挥送走一批又一批的图纸、机件、工具，连同同舟共济多年的永利工厂的同仁们。

当他把最后一批图纸和物资搬运到船上后，侯德榜来到了铵厂的厂区，暮霭中，看着几乎变成一片废墟的铵厂，看着那熟悉的厂房变成了这个样子，禁不住流下了泪水。这里曾有的一切，他再熟悉不过了，甚至闭着眼睛，他都能找到每一个生产车间，每一台机器，每个控制按钮。自从美国回来，他没有一天不来这里，铵厂是他的命啊！他爱铵厂甚于他的命，他每天只需听一听机器运转的声音就可以判断出它是否运转正常，或是哪个环节出了毛病。

4年来他与范旭东东奔西跑，为的是什么？不就是为了我们的民族，为了振兴我们的民族工业吗？而今刚刚要展开双翅腾飞而起的民族化学工业，却被日本帝国主义扼杀了。他怎能不痛心疾首！

日军虽然炸毁了厂房、设备，可是他们炸不碎侯德榜心中振兴民族工业的希望和决心。

"嘟——"！轮船的汽笛长鸣一声，使沉浸在极度悲伤和气愤中的侯德榜振作起来，他从心底发出了狮子般的怒吼：

"硫酸铵厂，我们一定要回来的，我们一定会回来的！"

1937年12月5日，最后撤离南京的一条船，英国太古公司的"黄浦号"拖轮载着侯德榜等人和物资离开南京码头，逆长江而上，向武汉方向行进。

经过大约两个月的风雨颠簸，范旭东和侯德榜等终于率领大队伍到达了华西的重要城市——重庆。他们决定要在华西重振民族工业。

初到华西，人地生疏，一时无从下手，在权衡利弊之后，他们毅然冒着敌机随时可能轰炸的危险，跋山涉水在云、贵、川地区，调查资源，选择厂址。

经过几个月的调查研究，侯德榜发现华西盛产井盐，而且煤、铁矿、石灰石等化工原料也比较丰富，最后选择了岷江岸东五通桥的道士观地方，圈购厂址。由于这个工厂是在四川建立的，故名"永利川厂"。

为纪念已被日寇侵占的中国第一个化工基地塘沽，后来改称"新塘沽"，为的是"燕云在望，以志不忘耳"。

设计新厂的重任，侯德榜无疑又是中流砥柱。新厂采取什么工艺，是仿旧还是创新呢？令他费尽心血，对于苏尔维法已是轻车熟路，他经验十足，只要把天津塘沽厂的规模适当缩小就可以很快见成效。然而在西南的盐价要比在塘沽贵十几倍，况且利用苏尔维法的食盐转化率不高，只有70％左右。如果在华西地区继续利用苏尔维法，工人们费力从深井中采出的盐，大部分将白白流失掉，这样制碱的成本将大大地提高，效益也自然随之大大降低，一个工厂如果没有较高的经济效益，那么它存在还有什么意义呢？

当时，德国发明了一种制碱方法，叫察安法，这种方法虽然在当时工艺上尚未完善，但是它有一个对于华西来说特别有利的优点，就是它的食盐利用率达到了90%—95%，还充分利用了废液。当时察安法在欧洲已有专利出卖。

为了早日建成华西化工基地，侯德榜这个在当时世界制碱业已经享有盛名的中国化学家决心屈尊求教，准备赴德国考察，并且准备购买察安法的专利。

"侯氏制碱法"的发明

在得到范旭东的支持后,侯德榜于1938年率领"永利"的4名技师赴欧洲考察察安法制碱,并拟定买下察安法专利。

这年的盛夏,侯德榜一行乘着英国轮船"乐皮尼号"从香港起程赴欧洲。

轮船经过我国的南海穿过马六甲海峡,横渡孟加拉湾进入阿拉伯海,向西北方向驶入红海,通过苏伊士运河进入地中海,最后在法国的马赛港登陆。整个行程1.5万千米,几乎用了1个月的时间。

从法国到德国要经比利时。从法国的马赛港登陆后,侯德榜一行人已经十分劳累，到了比利时的边境入境室，他看见入境室门口排着长长的队伍，然而为了赶时间，争取早一点了解新法，他们几个人不得不拖着疲劳的身体站在那长长的队伍里排队等候。好不容易等到前面的一个人办完了手续，该轮到侯德榜办手续了，他拿出准备好的钱交给那个办手续的人，只听里面用英语传出话来：

"再交50法郎！"

"我给您的钱已够了。"

"中国人要加费用，要是日本人此费可免！"

"为什么？"侯德榜不解地问。里面的人并没有答话，过了一会儿，那个人忽然说："不交此费不可入比利时境内。"侯德榜感到非常气愤，这种侮辱性的言语深深刺伤了侯德榜的爱国心，但是在比利时他又没有熟人，为了赶时间，尽快到达德国，只好被迫多交了50法郎。

办完手续之后，他心中愤怒难平，他忽然想起了几年前入美国国境时，也同样受到了这种无理刁难。这一天，他在日记本上奋笔疾书："辱我太甚！"他又一次感到弱国的公民到处受欺凌，心中也暗下决心：到德国后把德国的技术学到手，振兴民族工业，强我中华民族，看谁还敢欺侮我们！

到德国后，侯德榜一行由一个德国人领着先参观了在多蒙的一家碱厂。那人总是显得急匆匆的样子，领侯德榜他们走马观花般地看了看碱厂，每到一处他总是在催促侯德榜一行走快些。在与察安公司座谈时，人家借口时间有限，还有别的重要事情要办，而且谈到技术问题时，总是躲躲闪闪，座谈只进行了两个小时。

后来，侯德榜等又去了捷克一家设在军工厂内的察安法制碱厂。厂方也是东遮西挡，尤其是涉及技术关键之处，更是闪烁其词，讳莫如深。

原来，当时的德国正与日本暗中结成法西斯联盟，而日本帝国主义则正在执行侵略中国的政策。德国当然也不可能支持中国发展工业。因此，各碱厂便对侯德榜参观访问采取保密措施。但是这种遮遮掩掩的办法只能遮挡外行人的眼睛，对于精于专业的侯德榜来说，却不起多大作用。在捷克的一家工厂参观设备时，厂方不提供图纸，也不告诉设备的尺寸，侯德榜就利用参观的机会，目测地上方砖的尺寸测量厂房，借用身高臂长、臂肩宽等来测量机器的外形尺寸。回国之后他画出了一张尺寸基本准确的草图。就这样侯德榜通过交谈、参观，巧妙地掌握了一些有关资料，基本摸清了察安法用料的比例和基本流程原理。

参观没能够尽兴，购买专利的谈判也同样进行得极为艰难。

德方不仅以高价刁难，而且还说："用察安法专利生产的产品不许在中国东北三省出售。"

当时，东北三省已被日本侵略军占领，德国的要求无非是承认了日本占领东北三省的合法性，否认东北三省是中国领土。侯德榜听后非常气愤，大义凛然地说："东北三省是我们中国的领土，我们的产品当然要在自己的国土上销售，这用不着别人来限制，我们的产品将来不但在国内销售，而且还要销售到国外。"

言罢，侯德榜拂袖而去，谈判随即告吹。

过后，侯德榜把刁难情况拍电报给当时在国内的范旭东，在收到范旭东的回电之后，侯德榜决定停止谈判，并且给国内回电："因有辱国权，不再购买察安法专利。"

购买专利的路被堵死了，但这堵不住侯德榜的追求。他要走自己的路。于是他率领一行人转赴纽约，向他一生中的第三个目标——改进苏尔维法创制新碱的道路前进了。

要创制制碱的新途径，就必须从实验室的工作人手。在华西，交通不便利，而且实验所需要的原料：碳酸氢铵、铵等，在四川极不易找到，战时又不易运进。要在华西进行实验，显然不行。后来经商议决定试验移到交通便利的香港范旭东的寓所中进行。

试验工作由永利川厂几个技术骨干人员负责进行。而这时候侯德榜则在国外进行"遥控"：每周香港的工作人员把试验情况向在纽约的侯德榜汇报，根据汇报结果，侯德榜进行分析，指导在香港的技术人员的工作。

试验初期，侯德榜按照从德国得到察安法的两个专利说明叫工作人员进行配料试验。可是这种试验的结果令人大失所望，没有得到专利说明书上所说的效果。后来经过反复的试验，及时地进行了改正，才使改造察安法的试验取得了突破性进展。

侯德榜对工作人员的试验要求严格，对于每一项条件的试验，侯德榜规定必须进行30次。起初工作人员对他的工作不甚理解，甚至有抵触情绪，但几项试验过后，工作人员渐渐发现，当每一项工作进行到20多次时，数据才渐渐稳定，最后才得到十分准确的数据，从而也从心中佩服他对科学的严谨和精通的程度，在以后的工作中，便相信了这位使他们心服口服的科学家。

忙碌中的时间过得总是很快。一转眼从事试验工作的人员已经度过了从春天到冬天的大半年时间。在这段时间里，他们不知经过了多少次循环试验，也数不清曾经分析过多少个样品。这样到这一年的年底，香港试验组的同事们已经全部摸清了察安法的工艺条件。

但是工作还远没结束。实验室中小规模试验所得数据对于要建造一个大规模的化工厂来说是远远不够的，还需要做的工作就是扩大试验，而要扩大试验在香港进行是不行的，因为英国的化学公司卜内门公司的基地在香港。他们会密切地注视着中国人的试验。为不走漏消息，范旭东和侯德榜决定把扩大试验移到上海进行。

在艰难的筹备工作完成之后，经过几个月扩大试验，所得的结果基本与试验中的结果相符。

但是在20世纪30年代的中国，战争随时都威胁到每一个人和每一种事业。正当在上海进行扩大试验时，日本占领了上海法租界，试验人员被迫西撤转到四川，试验因而被迫停止。

国内试验虽然暂停，但在美国，侯德榜并没有停止工作。在纽约侯德榜的办公室里，案头堆满各种资料、试验数据、计算尺、各种颜色的绘图笔，墙上挂着巨幅的苏尔维法流程图和察安法流程图。侯德榜时而伏案凝思，时而翻阅寻找需要的数据，时而起身站在巨幅的流程图前用红笔在上面圈圈点点……

这些天来对着苏尔维法和察安法流程图，他一直在想，能不能设计一种新方法克服两种方法的缺点，吸取它们的优点？站在挂图前，他忽然像是悟到什么似的，急忙拿起红蓝两色笔，从一个图上画到另一个图上，脑子里顿时闪现出一个新的办法："对！把两种办法联合起来，使两种方法变成连续化的一种方法，对！对！就是这样。"他欣喜若狂迅速地又找来一张绘图纸，在上面迅速地画出了一张新的流程草图。在经过缜密思考后，终于，一种新的制碱制氨联合方法应运而生了。

这种方法经过在四川的试验，行得通，取得满意的效果。

为表彰侯德榜在开拓制碱新法的功绩，在永利川厂的厂务会议上，把这种方法命名为"侯氏制碱法"。次日永利川厂的同事驰电向在美国的侯德榜祝贺。

"侯氏制碱法"的发明，这无疑是侯德榜事业上的又一块丰碑，也是中国乃至世界制碱业的又一块丰碑。

1943年，在川西五通桥召开的第十一届中国化学年会上，"侯氏制碱法"首次与学术界见面。会上具体介绍了这种方法的原理与操作过程，引起国际化学界的极大重视和高度评价。

崇高的荣誉

"侯氏制碱法"的发明,引起了国际化工界的注目,本来已经颇有名气的侯德榜,成了家喻户晓的著名人物。

在美国,侯德榜被推为"制碱顾问",大大小小的工厂技术人员络绎不绝地来登门求教。

1943年10月22日,是侯德榜和"永利"的同事们最高兴的一个日子。这一天,喜讯从纽约穿过崇山峻岭,越过无际的大洋,传到了五通桥和新塘沽。电文如下:

"英国化工学会最近特赠侯德榜先生和苏联工程师阿·巴赫以名誉荣衔。典礼于10月22日在纽约华尔道夫——阿斯托利亚大厦举行。中苏两国大使均应邀出席。英皇乔治六世特命坎伯尔爵士代表授予证书，仪式隆重。此次授衔深得学术界重视，为中国工程界之光荣。"

听到此消息，"永利"的同事们奔走相告，非常高兴，决定为侯德榜所取得的崇高成就举行一个隆重的庆祝会。

英国化工学会是全世界的化学工业的权威机构，具有崇高的威信，能得到这个荣誉，对于一个化学工作者来说是无上的光荣，而且侯德榜是第一个得此殊荣的中国人，为中国人争了气，也是中国人的光荣。

想一想，在当时的中国，战争使人民无一天安静的日子。人们每天都要面对战争的威胁，谁也不知道哪一天突然会因遇到从空中落下来的炸弹而丧生。就是在这样的艰苦环境中，侯德榜仍然取得了这样崇高的荣誉，这该是多么不容易，多么可贵啊！

1943年12月18日，新塘沽永利川厂的大饭厅中热闹非凡，每个人的脸上都洋溢着从未有过的喜悦。这是一个特别的日子。在这里，永利川厂的同事和黄海化工研究社与侯德榜一起战斗过的同仁们，正在为侯德榜获得的桂冠举行热烈的庆祝活动。

年已花甲的范旭东，闻讯也不顾跋山涉水之苦，远道从重庆赶来；黄海社的几位老同志也专程赶来赴会；有的甚至走几个小时的路程步行而来；到会的不仅有化学界的知名人士，还有其他一些熟悉侯德榜的人。来自四面八方的人们在这里欢聚一堂，多达2800多人。

当主持人宣布庆祝会开始后，范旭东在一片热烈的掌声中款步走上讲台。范旭东今天身穿西服，精神矍铄，仿佛年轻了许多。走到讲台中央，他说："祝贺侯德榜博士得到世界荣誉，我们都异常高兴。这在中国化工史上应该是最光荣的一个节日。"接着范旭东总结了侯德榜在"永利"的三大成就：揭开苏尔维法之谜；建设硫酸铵厂；第三项便是新发明的"侯氏制碱法"。最后范旭东说："中国化工能够跻身世界舞台，侯先生之贡献，实当首屈一指。"

接着，曾与侯德榜一起留美的同学，头发已花白的孙学晤博士激动地说：

"今天在这里，是我平生最快乐的一次。"他只用了简短的十个字向大家揭示了侯德榜成功的秘诀：

"天行健，君子以自强不息。"

就在同一天，大洋彼岸的美国纽约，高耸入云的伍尔沃思大厦的第51层的永利办公室里，明媚的阳光斜斜地从窗子射到侯德榜的办公桌上。这里虽地处市中心，但由于楼层很高，大城市那种人与车的喧嚣声在这里听不到。侯德榜正在专心致志地伏案工作，案头堆满书籍和一页页的建设十大厂的蓝图。要在战后的中国建设十大化工厂的蓝图是范旭东最先提出来的。之后，范将蓝图寄给在美国的侯德榜，侯德榜看后心潮澎湃，决心要为中国的化工建设再出一分力。他按照范旭东的指示在美国进行了大量的调查研究，跑遍美国的各大图书馆，查询有关的资料，拜访了许多知名的化工专家和经济学家，该做的工作都做了。而今侯德榜正在阅读十大厂建设的有关资料。他时而目光离开书本射向窗外，陷入冥思苦想中；时而拿起笔来在纸上疾速地写下什么；时而又离座到旁边的书架拿来一本书，在寻找着什么有用的东西。他似乎忘记自己置身何处和自己的存在，更没有意识到今天对于他来讲是一个特别的日子——他被授予英国皇家化工学会名誉会员的荣衔。一切都与往常一样，办公室里静悄悄的，只有他的大脑在高速运转。偶尔听到他翻书的声音和离桌踱步的声音。这一点点的声音似乎更加衬托出屋中的安静。

忽然几声清脆的敲门声打破了办公室的宁静，这才把他从深思中拉了出来。他急忙去开门，原来是他侨居美国的华昌贸易公司的总经理、挚友李国钦，还有当时在美国的"永利"的同事们。李国钦一进屋便握住了侯德榜的手："老朋友，恭喜你呀！取得了这样崇高的荣誉。"接着，一起来的"永利"的同事们也分别向他道喜，侯德榜对此表示了感谢。接着，他顺手拿起放在书架上用来招待客人的香烟，递给了李国钦和随行的其他人。李国钦笑着说："侯博士，你的烟是不是又是干燥了的？上次我的美国朋友来拜访你，你递给人家一支名牌烟，可是由于放的时间太长，烟已干燥，抽得他直咳嗽，可你还是让人家再吸，弄得他哭笑不得。"

侯德榜很惊讶："真有此事？"说得在场的人全笑了起来。原来，侯德榜这个人没有吸烟的习惯，每当别人赠送他烟，他都用来招待客人。由于他不知道烟里的学问，故常常给人家抽干燥而呛嗓子的烟，而侯德榜本人却未意识到。这次经李国钦挑明，他才恍然大悟。

后来，他们向侯德榜提议，要求为侯博士召开一次隆重的庆祝会。侯德榜连忙说："现在正是国难当头，我们肩上的担子沉重，我想庆祝会还是免了的好。我很感谢大家的好意，我将更感谢大家用辛勤的劳动和优异的成绩来表示对我的祝贺，我希望在我们十大厂计划实现后，我再同大家一起积功同庆！"

在场的朋友听到侯德榜这样说，深深感到：中国化工业虽然取得了很大进步，但对于每个中国人来说，尤其是对每个中国的化工工作者来说，肩上的担子还很重；同时又加深了对侯德榜的钦佩之情，佩服他在荣誉面前仍旧是深谋远虑，未雨绸缪，而不是满足于眼前的成就，固步不前。这一点对于当时许多美国人来说，印象都是相当深刻的。

有一次，侯德榜在接受美国的新闻采访，记者在说到他所取得的崇高荣誉时，他却平静而谦虚地回答说："科学领域的客观规律迟早会被人们发现的。联合制碱（即侯氏制碱法）的研究工作欧洲也在进行，不过我们多做了一些工作，比较早些发现罢了。"

采访结束后，一个美国大学生郑重地向他发问："侯博士，一个潜心科学的学者，在成功之后应该注意些什么？"

侯德榜略微思考了一下，回答说："印度爱国诗人泰戈尔有句名言：鸟的翅膀系上了黄金，就再也飞不起来了！"

那个学生听到这，似乎明白了个中道理，他满意地向侯德榜深深鞠一躬，握手告辞了。

复兴"永利"

1945年,中国人民坚持了8年的抗日战争,终于取得了胜利。侯德榜也回国了,他看到国内的人民欣喜若狂,奔走相告,这是中国人民盼了8年盼来的日子。"永利"的同事们同样是兴高采烈。他们点起火把,放起了鞭炮。人们敲着鼓在街上涌来涌去,侯德榜与"永利"的同事们一起,通宵达旦,在极度兴奋中度过了抗战胜利的这一天。

战争已经结束了,和平已经到来,该是复兴"永利"的时机了。为了复兴"永利"的事业,范旭东、侯德榜早就为十大厂的建设下了一番苦心,他们未雨绸缪,打算重振旧业。为此,他们不得不向当时的国民政府请求核准向美国贷款建厂的事宜。呈文早就交了上去,但是过了很长时间,却未得到回复。于是,范旭东打算亲自前往拜访当时国民政府财政部长孔祥熙。可这位以贪污敛财著称的"财神",对范旭东的请求并不作正面的回答,而且把"永利"战后面临的一大堆困难摆了出来,趾高气扬和轻蔑之意溢于言表。言语之间还流露投资入股、鲸吞"永利"资产的意图。当范旭东加以推辞之时,孔祥熙的脸色顿时阴沉下来,拂袖站起,说声"送客",便向内室走去。

回来之后,范旭东非常气愤,他对侯德榜说:"若不是为了国家、民族,我才不会受他们的挟持、欺压呢!我个人要是仅为了吃饭、享福,把'永利'、'久大'收拾收拾,够我享受几辈子的。而今为了十大厂计划的实现,我们还得去当孙子,去向那些老爷们求情。我们一定要争取在不丧失'永利'权利的前提下,让他们在保证书上签字!"

侯德榜也支持范旭东的想法,决定与范旭东一起再去一次。他们找到了当时国民政府行政院长宋子文家中。在宋子文的客厅中,范旭东、侯德榜两人正等待这位宋院长的接待。秘书已经进去了，不一会儿，秘书脸上带着假惺惺的笑意从内厅中走了出来，说："宋院长正在处理重要公务，请两位稍等片刻。"范旭东、侯德榜两人又等了一会儿，内厅又走出一位身着旗袍，走路扭扭捏捏的女人，随着开门声，内厅中传来一阵女人们的嬉笑声和"哗哗"的洗牌声，中间还夹杂着宋子文带着并不纯正的洋味的话语。范旭东、侯德榜两人很气恼，明明是没有什么要紧事，却要以重要的公务来捉弄人！于是两人不辞而别。从宋府回来之后，侯德榜非常气愤，握着十大厂的蓝图的双手不禁颤抖起来，心头像压了一块巨石，透不过气来。他与范旭东两人辛辛苦苦为建设十大厂而定的初步计划在宋子文、孔祥熙等权贵的面孔前顿时像肥皂泡一样破灭了。这位为中国的化工事业操劳半生的科学家，无论对什么样的技术困难，从未被吓倒过，靠他那种"追到底"的顽强精神和严谨的治厂态度，带领"永利"的同仁们闯过了一道道难闯的关口。而今天，他真正感到了困惑，一种从未感到过的困惑。

　　梦寐以求的建设十大厂的计划彻底落空了！本来身体并不好的范旭东受到这种严重的精神打击，已经是心力交瘁，积劳成疾。这一年，62岁的范旭东因黄疸病和血管病同时发作，医治无效，溘然长逝！至死，他的床头还叠放着战后十大化工厂的蓝图。他死前嘱咐"永利"同仁："齐心合德，努力前进！"

得到范旭东逝世的消息，侯德榜悲痛欲绝，泪眼朦胧中，他仿佛又看到范旭东几十年来为创建中国化学工业，为了"永利"事业而东奔西走、不辞劳苦的情形。他想到在为"永利"奋斗的过程中，每当自己遇到困难或挫折时，总能得到范先生的支持和爱护。范先生是他事业上的坚强后盾和良师益友，他决心按照范先生生前所指引的方向继续前进，不允许自己有半点儿的退让。在范先生的遗像和灵前，侯德榜沉重地宣誓："同仁们，继承先生遗志，遵先生之计划进行，一切无变化。将来若小有成就，非同仁之力，乃先生擘划之功。若其无所成就，非先生之计划不善，惟予等小子无良。"

范先生走了，"永利"、"久大"、"黄海"的同仁们沉浸在深深的悲痛之中。永利厂不能群龙无首，大家一致推举侯德榜继任永利化学工业公司总经理。

侯德榜忍痛节哀，他要接过范先生手中的责任，把中国化学工业继续发扬光大，这是对范先生在天之灵最大的安慰，也是他自己大半生以来为之奋斗的目标。

悲痛中，耳畔似乎又响起了范先生那低沉而有力的声音："齐心合德，努力前进！齐心合德，努力前进……"那声音一声高似一声，在侯德榜的耳际回旋，久久不散。他深深感到自己肩上的任务之重、责任之大，他不敢有半点的懈怠。

接下来要面对的问题是战后塘沽、南京两厂的接收和上千名工人的复员工作。辞别了悲痛中的同仁们，他决定马上东进，去主持两厂的接收和复员工作。

来到南京，登上过江的轮船，渡过了宽阔的长江江面，8年前由范旭东和侯德榜亲手主持建起来的南京硫酸铵厂已经隐约可见了。他的思绪突然回到8年前那个暮霭沉沉的傍晚，他和最后一批"永利"同仁撤离南京时，曾对天盟誓："我一定要回来的！"今天，他这不是回来了吗？是的，他回来了，他又回到了阔别8年的硫酸铵厂。

然而，经过日寇8年的摧残，侯德榜曾经苦心经营的硫酸铵厂已经面目全非了。硝酸厂只剩下一座座凋壁残垣，所有的设备全被盗拆到日本国内去了；冷水塔本来是用最好的美国红木做的，现在却改成了劣质的日本木材；6个深井，只有1个还算完好，其余的全部报废；其余各厂的设备也是破烂不堪，令人目不忍睹。

视察硫酸铵厂之后，他匆匆奔向劫后的塘沽碱厂。日本在强霸碱厂后，派了一个学电气的外行来当厂长。7年中全厂未曾整修，未曾清扫，整个碱厂也已经被弄得面目全非了：碳化塔损坏严重，有一台已被拆除；石灰窑结了瘤；蒸氨塔的菌帽全部被拆除，未剩一个；冷却排管已经锈得不能使用；五台煅烧炉也烧坏了三台；发电机也已经没有原来的发电能力了……

看到这一切，侯德榜心如刀绞。

在对范先生的深切悼念和对日本帝国主义的极端痛恨中，侯德榜带领复员后的两厂职工和技师紧张地对设备进行检修和保养。全体同仁对他给予了大力支持。

在"永利"同仁们的大力支持下，经过几个月检修后的碱厂已开工产碱，而硫酸铵厂则由于损坏严重，不得不再往后推迟开工的日期。

在接收南京硫酸铵厂的过程中，他们发现原来设备较齐全的硝酸厂只剩下空楼一座。后经一再追问日本负责人，他们才含糊交代了硝酸厂的设备在1942年就被盗运到日本。侯德榜得知后，立即向当时的国民政府申请，要求前往日本，追回原来的设备。而国民政府对此表现消极，托辞此问题由盟军总司令部统一处理。问题一拖再拖，久久未得以解决。

后来，侯德榜等人三番五次与蒋介石当面交涉，在社会舆论的压力下，国民政府才勉强准予办理。数月之后，才得驻日盟军总司令部的复函："该项设备已经查明，并已命令日本政府妥为保管，准备归还，要永利派人赴日处理。"

永利化学工业公司即派人到日本进行实地考查原来设备的情况，结果发现设备仍完好可用。但部分原件在日本使用期间损坏的，已由日本方面另行配置。可日本方面却提出，把他们配置的原件拆下，不予归还。"永利"驻东京办事处坚决不同意这种做法。双方相持不下。为了争取被劫物的完好归还，侯德榜于1947年7月亲自赴日本。

到达日本后，侯德榜找到盟军最高统帅部总司令麦克阿瑟，与他进行面对面的交涉。对于美国只让拆还原件，不许拆去日本更换过的配件的意见，侯德榜义正词严地宣布："这是不可能的，我们中国人绝不允许这样做。打个比方说吧：假如日本拆还了我们的一辆汽车，拆去前是能行驶的，到归还时，不论他们更换了轮胎，还是别的零件，而总该是一辆能开动的汽车才行，否则我们拿回去做什么！"

一番话说得麦克阿瑟这位元帅无以对答，这才勉强同意日本方面把原硝酸厂的设备整套归还。

看到了自己曾经亲自组装的硝酸设备机器，经过8年的磨损，已非旧貌，侯德榜几乎不能认识它们了。他抚摸着机身，就像抚摸自己久别重逢的孩子。他感慨万分，说："我们的新机器经过他们这么多年的磨损，我已经难以认识了，它们真是憔悴不堪。"

在拆完设备后，盟军总部决定由中国人自行运回国内。侯德榜听到后，认为这个决定不合理。为此他又向盟军总部据理交涉。他说："失去的东西还要到盗贼的聚赃处去拉，这是不必要的义务，也是不合理的！"盟军总部后来自知理亏，被迫允许这套设备改在"日本口岸交货"为"利用日本船只回空吨位，或者分配中国使用的船只，担负永利厂硝酸设备机器归还的运输任务，目的地为上海。"

在设备的运输过程中，也不是一帆风顺的，当货运到日本口岸时，驻日的永利公司清点人员发现设备上贵重的白金网被窃，我方当即向盟军总部报告，后经多次交涉，才由盟军总部转令日本政府照原有规格制作新的白金网偿还永利公司。

整个交涉、拆迁、运输工作大约经过1年半的时间才得以完成。在这个过程中,侯德榜表现出崇高的民族气节,积极维护了中华民族的尊严。不妨想一下:侯德榜作为一名实业家,为了自己民族的利益,为了"永利"的利益,居然能在曾经统辖百万雄师、驰骋疆场而不败的盟军总司令麦克阿瑟面前,不卑不亢、无所畏惧地直面抗争,最终胜利而归,这需要多大的勇气、民族自尊心和责任心啊!

援助印度

印度长期以来在经济政治等方面受英帝国主义者的殖民统治，在民族工业的发展上备受压制。为了反对英殖民者的统治，印度爱国资本家塔塔先生创办了塔塔实业公司，其中在化学方面创办了塔塔米达浦碱厂。

主持米达浦碱厂的老工程师也在印度爱国办厂初期，遇到了与"永利"初期同样的困难。侯德榜的《纯碱制造》一书出版后，按照书中所示老工程师自己干了起来，但是碱厂未建成，老工程师却不幸去世。后来塔塔公司派人到纽约拜访侯德榜，请求技术援助。对印度的请求，范旭东表示支持；并且认为，印度与中国有许多相似之处，塔塔先生竭力振兴民族工业的精神与他的工业救国的主张不谋而合，为了进一步打破苏尔维技术垄断的局面，故欣然应允了塔塔公司的请求。

侯德榜五次应邀对印度的米达浦碱厂进行技术指导和设备改装。第一次到达印度后,就详细地解答了印度方面提出的280个问题。侯德榜在技术上悉心的、毫不保留的做法与苏尔维集团对技术的垄断相比,使印度的技术人员大为感动和震惊。他们称赞侯德榜:"名不虚传的专家,真诚友好的帮助。"

侯德榜第三次赴印度时,米达浦碱厂的纯碱日产量已经提高了1倍,达到了50吨,质量也大有改善。塔塔公司对侯德榜的学识和为人也更加了解,更加钦佩,当即决定聘请他为总工程师,年薪为10万美元。在征求侯德榜的意见时,侯德榜却说:"年薪10万美元,可谓丰厚,但我不能接受。我之所以来协助塔塔公司,是范旭东先生生前的旨意。范先生和我对塔塔先生的实业救国,振兴民族工业的精神十分钦佩和敬仰。在制碱业上,我们不想再让我们的朋友印度人也深受苏尔维法垄断之苦,广泛地与各国展开技术合作,是我们公司的一贯主张,我们曾以技术援助南非、巴西等国,而今又援助了你们——印度的朋友们。我相信科学是没有国界的,但科学家却是有国界的。我的事业在中国、在'永利',我的祖国需要振兴工业。我决不能离开自己的国家和20年来苦乐与共的事业而留在印度,请你们理解并原谅我的难以从命。"

听完了侯德榜激昂的讲话，塔塔先生大为感动。当即提议招聘侯德榜为公司最高技术顾问。厂方并愿以11万美元购买永利制碱专利和整套图纸，并且双方签订了技术合作的协议。后来，侯德榜又第四次、第五次飞赴印度执行此协议，并给予多方面的技术指导，提出了关键性的改进意见，他并决定每年派两名"永利"的工程师驻印度指导工作。

到第五次赴印度时，米达浦碱厂的技术人员已经能够独当一面了。产品的质量也达到了协议所规定的指标，日产纯碱125吨。经双方协商同意解除协议。

侯德榜对印度的技术援助，开辟了中印两国民间技术合作的先河，为增进两国人民的友谊作出了重大贡献。在中华人民共和国成立后，印度总理尼赫鲁访华时，还援引了"永利"和"塔塔"技术合作的事例，作为中印两国人民友谊的典范。

"永利"从塔塔公司得到的报酬，包括售专利图纸和聘用中方技术人员的全部酬金，共大约20万美元，除去少量花销外，尚余10多万美元。经侯德榜倡议，决定用这笔钱买下北京芳家园1号和东四二条1号两处房舍，分别捐赠给黄海化学工业研究会和中国化学会。余下部分存入中国银行，分赠给中国化学会和天津中苏友好协会，要求他们不动本金而只用利息购买国外科技文献。

回到新中国

在侯德榜赴印援助期间，中国国内正在进行一场解放战争。他第五次赴印期间，解放战争的形势已经日渐明朗了，他始终关心国内的塘沽、南京两厂的情况，嘱咐两厂的负责人及时地把永利厂的情况报告给他。

到印不久，他收到国内电报，说解放塘沽以后，解放军入厂后保护工厂，未犯秋毫，碱厂已经开工，南京硫酸铵厂新中国成立后也完好无损。消息传来，使侯德榜的不安释然了，从内心里感激中国共产党。

后来他又收到塘沽碱厂厂长佟翕然的一封英文电报。侯德榜被告知：中共中央副主席刘少奇亲自到塘沽碱厂视察，刘副主席对"永利"的事业表示极大兴趣和关心，表示愿意帮助碱厂渡过难关，并且希望"永利"为建设新中国而努力。最后刘副主席还诚恳地说："范旭东先生和侯德榜先生的爱国振兴民族工业的精神令人敬仰，愿与侯德榜、孙学晤会晤，并希望侯先生赶快回华北来，共商国家大计。"

这两个消息，在侯德榜的心目中涌起巨大的波澜，他没有想到共产党对"永利"事业是如此的关心，对范先生和自己给予这样高的评价。此时他的心情难以平静，归心似箭，他太想赶快回去看看永利厂的情况，也想真正地了解一下他知之甚少的共产党。

这时国内又有人传信来，周恩来总理也请他回国共商大计。

他收到信后，立即启程。因当时全国还未完全解放，因而只能绕道回国，在途经香港时受到国民党特工人员的纠缠，好不容易才摆脱了，在韩国仁川，他拒绝韩国方面的"重金聘用"。为安全起见，他只得不登岸，被迫在轮船上呆了7天7夜。此行历时50天，才终于回到了祖国的怀抱。

回国后的一个盛夏的傍晚，侯德榜仍在北京东四十七条"永利"办事处的办公室里伏案工作,他万万没有料到,日理万机的周恩来总理会来看望他。周总理亲切地同侯德榜握手问好,祝贺他平安归国,称赞了他为"永利"为中国化工事业所做的贡献。后来,总理说:"我们想请您参加中国人民政治协商会议,共商国是,参与设计新中国的发展蓝图。"当谈到"永利"事业的时候,周总理说:"'永利'是个技术篓子,荟萃了大量的技术人员和管理人才,这些人才对建设新中国,是极其有意义的。"并表示"永利"有什么困难尽管提,政府尽量帮助解决。

是啊!如果把"永利"比作苗圃,那么,侯德榜就是一名辛勤耕耘浇灌的园丁。多少年来他对手下技术人员总是那样谆谆教导,对每个新进厂的大学毕业生,他都亲自指导学习和工作,详细地解答他们学习中的难题,在全厂中形成了浓厚的学习科研风气,促进了青年技术人员的成长。

1949年9月他代表科技界参加了中国人民政治协商会议。这是他60年来第一次涉足政坛。以前他总是对政治漠不关心,一心扑在科学事业上,而今是在共产党的邀请下参加这次会议的。会议期间,侯德榜了解了共产党所提出的各种主张,看到共产党对各党派人士平等相待、团结友好的态度;也领略了共产党人在处理问题时实事求是的民主协商的作风。这一切使他明白共产党所做的一切是为了民族的振兴、国家的富强和人民的利益。

不久，侯德榜被任命为中央财政委员会委员和重工业部化工局顾问。侯德榜知道，这是共产党对他的极大信任。

他重任在身，常常不能在南京硫酸铵厂亲自指挥生产，却一直关心着硫酸铵厂，一段时间以来，硫酸铵厂由于焦炭短缺而一度生产停滞，他百般焦急，为此他向周恩来总理提出工厂的困境。周总理立刻回复他，一定想办法帮助南京硫酸铵厂度过困境。不久以后，一列货车满载国家支援的焦炭送到南京硫酸铵厂，这无异于雪中送炭。听到这个消息后，侯德榜老泪纵横，百感交集，思绪万千。他想起了在抗战刚刚胜利时，他与范旭东为"永利"向国民政府请求核准向美国贷款时，孔祥熙、宋子文那种傲慢态度，并妄图鲸吞"永利"的资产，范旭东为此忧愤而死。回国后面对已濒临破产的南京硫酸铵厂，侯德榜几乎丧失了信心，然而共产党和人民政府却向他伸出了援助之手，在原料供给、产品销售、资金借贷等方面，给予照顾和支持，使南京硫酸铵厂起死回生。

他感到共产党像一股涓涓细流滋润了他干涸的心田，一幕幕往事在他脑际萦绕，他再也无法对政治采取一种漠不关心的超然态度了。后来他便积极参加了共产党的各种活动。在"三反"、"五反"运动中，他得到共产党的帮助和教育，认识到"三反"、"五反"运动的必要性。他积极参加各种政治学习，在学习中他更加清楚地认识了社会主义和共产主义。渐渐地，他发现为共产主义而奋斗与他以前那种科学救国、振兴民族的主张竟然有惊人的相似之处，为共产主义事业而奋斗，也正是为振兴民族而奋斗，他决心在有生之年为这一伟大的事业奋斗到底。

1955年他正式向党组织递交了入党申请书。对于侯德榜申请入党，组织上采取了认真严肃的态度。有人认为，他是永利化学公司的总经理，有股票，应划为资本家，不能发展入党，但大多数人还是实事求是地全面评价了他。

1957年化工部党组织在全面审查了侯德榜的报告之后，经过认真讨论，批准了他的入党申请。这对侯德榜来说是终生难忘的事。60年来他在科学救国、工业救国的道路上历尽坎坷，始终未能找到一个正确的政治方向，而今在共产党的关怀和帮助下，他成了一名光荣的中国共产党党员。这位67岁的新共产党员、老科学家仿佛顿时年轻了许多，从此他在工作中有了更明确的指导思想，那就是为共产主义事业而奋斗终生。

"侯氏制碱法"重放异彩

"侯氏制碱法"自1943年发明以来，由于历史的原因，在档案柜里沉睡了6年之久。

建国后，侯德榜接受中央财经委员会和重工业部的委托到大连参观考察。参观过程中，他发现大连的建新公司所属的大连化学厂和中苏合营的远东电业曹达工厂一个生产纯碱，一个生产氨，相距咫尺，有发展"侯氏制碱法"的理想条件。于是，侯德榜向大连化学厂总经理介绍了"侯氏制碱法"，并建议在大连化学厂的恢复过程中，建立"侯氏制碱法"的生产试验车间。这一建议得到厂总经理的支持。

于是,"侯氏制碱法"进入了最初的工业性中间试验阶段。试验进行得很顺利,并准备继续深入研究,正当这时意外的事情发生了。

由于外国专家指出,因苏联不以氯化铵作肥料,故怀疑氯化铵的肥效问题,主管部门因此下令停止"侯氏制碱法"试验。而国内的一些专家也随声附和地采取明哲保身态度,使试验工作陷于停顿。

提出这一意见的外国专家无论在学术上还是在政治上所处的地位都是相当权威的,侯德榜深知,要是提出异议必须有充分的准备。

他清楚地记得,当1947年为拆运被劫的硝酸设备装置而赴日时,曾顺便考察过日本的很多碱厂,那时日本的几个碱厂都先后生产了氯化铵。既然氯化铵的肥效有问题,为什么日本的厂家要生产呢?当时他并没有注意,而现在提起来觉得十分不解。为了搞清这一系列问题,他着手对氯化铵的肥效和市场销售问题进行了研究。

在翻阅了大量的资料之后,他发现英国、日本等国都用氯化铵作肥料,而且,认为它的肥效应用在水稻上,比其他化肥肥效更好。而在中国的华北农业科学研究所也曾连续10年在旱田中进行氯化铵的肥效试验。结果表明氯化铵的肥效在很多场合下比硫酸铵高。全国供销工作总社二局也反映："在河北、山东部分地区的农民有使用氯化铵的习惯。因为我们不能生产，我们每年还进口大量日本的氯化铵供应给农民；况且氯化铵的价格便宜，农民也乐于使用。"

通过大量的调查，侯德榜对氯化铵的肥效也深信不疑。但使他奇怪的是这些资料大多容易得到。然而，中国人一面说氯化铵肥效有问题，一面从日本进口氯化铵用作施肥。这个自相矛盾的现象的发现使他深深地感到：一些人在决策时，往往用一种片面的主观主义的思维方法来代替大量的调查研究。这在侯德榜的科学研究和实际工作中是从来不允许的。

为了坚持科学的真理，用共产党员的标准来严格要求自己，他找到了化工部的彭涛部长，把有关"侯氏制碱法"试验情况、氯化铵肥效问题和自己打算把"侯氏制碱法"的试验继续下去的想法与彭部长作了详细的交谈。当谈到对外国专家的看法时，他认为专家的意见虽应尊重，但还是应从实际出发，并且打比方说："难道能因为有的外国人不吃大米，就可以说在中国发展水稻生产是一种错误？"

彭部长听后，为侯德榜坚持真理的精神和对党的事业的赤胆忠心所感动，他决心为此事向党组织请示。

没过多久，彭部长告诉他说，周恩来总理支持他把大连的试验继续下去，并嘱咐侯德榜要注意身体。侯德榜听后大受感动，他觉得不应辜负总理的希望。

在周总理的指示下，试验开始恢复。为了方便指导，他亲赴大连，与工人们吃住在一起，连夜奋战，常常把眼睛熬得通红。年轻的同志看到已近70岁高龄的侯德榜仍然与他们一道工作，绝不落伍，深受感动，常常劝他休息。他却说："你们不休息，我怎么能休息呢？"他好像丝毫没有意识到他比别人老，似乎自己仍旧年轻，尚有使不完的干劲和力气。

在试车期间，他一刻也不离开生产第一线，为的是随时进行指挥和解决技术问题。有一次试车出现问题，他不顾年迈体弱，亲自爬到了二三十米高的塔上去调查情况。

他的这种身体力行、实事求是的工作作风极大地鼓舞了一起工作的同志们。在他的带领下，全厂形成了一种拼搏的工作作风，有力地推动了工作的进展。

1958年5月1日，我国第一座小氮肥示范厂按计划开车试工，生产出第一批碳酸氢铵。化工部彭部长为示范厂的开车成功发了贺电。同时侯德榜在报上发表专论《动员全国各地兴办化肥工业，以利于农业的发展》，并且对这种县级化肥厂在设计、培训等方面作了介绍，还简要介绍了示范厂所采用的新工艺。

化肥示范厂办成后，技术在实践中不断地得到改进，并且把这种小型化肥厂推广到全国各地。到20世纪60年代，侯德榜所设计开发的小型化肥厂已在全国各地开花了。

1965年10月，国家科委为侯德榜及与他一起工作的谢为杰、陈东，还有丹阳化肥厂、北京化工实验厂等个人和单位颁发了"碳化法合成氨流程制碳酸氢铵"的发明证书和奖金。

为了使"侯氏制碱法"为中国的化学工业做出应有的贡献，还应着手建设大型化工厂。对此侯德榜非常焦急，原因是，关于联合制碱日本已有年产37.5万吨的化工厂。中国本来是首先发明了联合制碱法，日本在10年后才掌握。然而，日本却比中国较早地应用了这一技术。对此，侯德榜非常伤心，他说："这应给予我们很好的教训，给我们力量奋起直追，时不可失！"

在侯德榜积极倡导和国家的积极支持下，1962年，一座年产8万吨的"侯氏制碱法"生产车间投入试生产。试生产期间，侯德榜频繁地来往于北京与大连之间，为新的大型化工厂的建成不顾年迈体弱而辛苦工作。

他虽然年逾古稀，但在工作中仍然认真负责，不允许自己和别人对工作有半点疏忽。有一次，在看工作人员拿来的报表时，有一项操作指标本应是47滴度左右，而填表人却写成74滴度，侯德榜发现后，立即打电话询问。经核实才知道是由于填表人的疏忽。对此，侯德榜指出："填写人员疏忽，应该教育他加强责任心。后面三级签字的人为什么没有发现？技术上的事，常常是失之毫厘，谬以千里，来不得半点的马虎。"这虽是小事，但可见，侯德榜在工作中对干部和工作人员要求是极严格的。

还有一次，他去车间检查工作。发现试生产中，产量上不去的原因是洗盐供不上，他立即召集技术人员问清情况，都说是洗盐吊斗不好用，但谁也没有深入考虑过为什么。为此，72岁高龄的侯德榜亲到现场，从一楼爬到六楼，一段一段仔细检查，结果发现问题很简单，是接料的舌头短了一点。检修后，产量便上去了。

侯德榜认真负责、深入实际的事例举不胜举，这种踏实的工作作风，不但解决了许多重要问题，而且教育和影响了大批工作人员。

通过3年的试生产,"侯氏制碱法"大生产车间已达到了要求,所产出的两种产品均达到了日产240吨的水平,其中部分技术达到和超过了国际先进水平,全面实现了国家规定的各项经济技术指标。侯德榜激动地说:"联碱工程30%是在新中国成立前打的基础,绝大部分是在新中国成立后完成的。花这么大的投资和人力,多亏党和国家的支持和帮助。"

"侯氏制碱法"的大生产成功了!

"侯氏制碱法"的大型化工厂的建成和小型化肥厂在全国的遍地开花,使"侯氏制碱法"又重新发出了熠熠的光彩。

鞠躬尽瘁，死而后已

晚年，按常理，操劳一生的侯德榜本来可以在家中享享清福，含饴弄孙，与儿孙们共享天伦之乐。然而，他却仍旧一如既往，在化学工业基地上辛勤地耕耘，孜孜以求。晚年，他又重新修订了他的《纯碱制造》一书；倡议建立了大连制碱工业研究所，甚至在十年浩劫中，他还痛心自己失去了工作，浪费了宝贵的时间。

1958年，侯德榜因常年操劳，疾病缠身，化工部领导安排他到青岛和北京小汤山两地休养。

然而，休养期间，他没有时间去欣赏青岛海滨那旖旎的风光和小汤山那美丽的山间景色，利用这一段安静的时间，他想把他16年前出版的《纯碱制造》一书加以修改和补充，以适应我国纯碱工业的发展和培养人才的需要。这是他酝酿已久的想法，因为这十多年中，国内的制碱技术又有所提高。

在青岛休养期间，他带了大量的图书、资料，每天争分夺秒地工作着。休养所的服务人员看他整天在桌前伏案工作，很少休息和去外面散步，便劝他多休息，保重身体。侯德榜却风趣地说："全国人民都在日夜奋战，我能安心在这里休养吗？我要充分利用这里安静的好条件，实现我多年以来的夙愿，为祖国的化工事业再献一份力量。"

经过四五个月的辛苦工作，他终于完成了英文版的《纯碱制造》一书的修订和补充，重新定名为《制碱工学》。全书近80万字，内容比修订前全面得多、丰富得多，于1959年9月作为国庆十周年的献礼在北京出版。

这本书出版后，在国内的学术界、化工界引起了强烈的反响，后来在德国莱比锡的国际图书博览会上展出，受到与会学者的欢迎和赞扬。这是侯德榜晚年对中国化工界的一个重大贡献。

1966年，一场席卷整个中华大地的"文化大革命"开始了。对这场突如其来的"革命",他用一个共产党员的眼光和思想标准来判断。他觉得这是一场颠倒乾坤的"革命",于是,他茫然不知所措了。

这时,已是耄耋之年的侯德榜,也被列入"反动资本家"和"反动学术权威"的批斗名单中。后来,由于周总理的干涉,才使这位老科学家免受皮肉之苦。

随着"革命"的深入,最后,侯德榜连工作的权利也被"革"掉了,他说这是他最痛心的事。工作是他一生的精神支柱,没有了工作,他感到自己没有存在的价值了。他说:"活着就要工作。没有用了,活着还有什么意思?"1973年,他已83岁,身患重病,行动困难,大小便常常失禁。在这种困难的情况下,他仍然要求医生给他开证明,证明他仍然可以工作。医生深受感动,对别人说:"这位老科学家真了不起!"

20世纪70年代初,我国发展了一批小联碱厂,侯德榜对此十分关心,经常了解情况,对生产中出现的一些问题,他提出了一些具体的解决办法。病重期间,他仍抱病在家中召集有关专家进行小联碱的座谈,一连几天,他每天都坚持开6个小时的会议。与会人员见这位老科学家这么辛苦,带病坚持工作,很受感动,好心劝他别干了,他却毫不在意地说："我是马命，马是站着死的，只要一息尚存，就要工作。"会上，他提出了一些意见，对小联碱的完善和发展起了积极的作用。

去世前不久，他卧病在床，知自己恐不久于人世，在病榻上，他还挣扎着亲笔给周恩来总理写了封信："德榜年迈，体弱多病，恐不久于人世。一生蒙党和国家多方栽培，送外国留学，至今无以为报，拟百岁之后，将家中存有国内较少有的参考书籍贡献给国家。请总理指定届时移存北京图书馆或中国科学院图书馆。"至今，他珍藏的1万多册书籍，仍在北京图书馆发挥着作用，这也是侯德榜一生最后一次给祖国科技事业的献礼。

1974年8月26日，这位世界著名的科学家，一代化工巨人——侯德榜先生因患脑出血、白血病，医治无效，与世长辞，享年84岁。临终前，他把一张签了字的化学元素表留给子孙，希望后代能继续为中华民族争光。

侯德榜虽然与世长辞了，但他的成就、他的精神、他的品德、他的著作却长久地流传后世，遗泽后人。作为中国近现代化学工业的拓荒者，侯德榜的名字已载入了中国乃至世界化学和化工发展的史册。

世界五千年科技故事丛书

01. 科学精神光照千秋：古希腊科学家的故事
02. 中国领先世界的科技成就
03. 两刃利剑：原子能研究的故事
04. 蓝天、碧水、绿地：地球环保的故事
05. 遨游太空：人类探索太空的故事
06. 现代理论物理大师：尼尔斯·玻尔的故事
07. 中国数学史上最光辉的篇章：李冶、秦九韶、杨辉、朱世杰的故事
08. 中国近代民族化学工业的拓荒者：侯德榜的故事
09. 中国的狄德罗：宋应星的故事
10. 真理在烈火中闪光：布鲁诺的故事
11. 圆周率计算接力赛：祖冲之的故事
12. 宇宙的中心在哪里：托勒密与哥白尼的故事
13. 陨落的科学巨星：钱三强的故事
14. 魂系中华赤子心：钱学森的故事
15. 硝烟弥漫的诗情：诺贝尔的故事
16. 现代科学的最高奖赏：诺贝尔奖的故事
17. 席卷全球的世纪波：计算机研究发展的故事
18. 科学的迷雾：外星人与飞碟的故事
19. 中国桥魂：茅以升的故事
20. 中国铁路之父：詹天佑的故事
21. 智慧之光：中国古代四大发明的故事
22. 近代地学及奠基人：莱伊尔的故事
23. 中国近代地质学的奠基人：翁文灏和丁文江的故事
24. 地质之光：李四光的故事
25. 环球航行第一人：麦哲伦的故事
26. 洲际航行第一人：郑和的故事
27. 魂系祖国好河山：徐霞客的故事
28. 鼠疫斗士：伍连德的故事
29. 大胆革新的元代医学家：朱丹溪的故事
30. 博采众长自成一家：叶天士的故事
31. 中国博物学的无冕之王：李时珍的故事
32. 华夏神医：扁鹊的故事
33. 中华医圣：张仲景的故事
34. 圣手能医：华佗的故事
35. 原子弹之父：罗伯特·奥本海默
36. 奔向极地：南北极考察的故事
37. 分子构造的世界：高分子发现的故事
38. 点燃化学革命之火：氧气发现的故事
39. 窥视宇宙万物的奥秘：望远镜、显微镜的故事
40. 征程万里百折不挠：玄奘的故事
41. 彗星揭秘第一人：哈雷的故事
42. 海陆空的飞跃：火车、轮船、汽车、飞机发明的故事
43. 过渡时代的奇人：徐寿的故事

世界五千年科技故事丛书

44. 果蝇身上的奥秘：摩尔根的故事
45. 诺贝尔奖坛上的华裔科学家：杨振宁与李政道的故事
46. 氢弹之父—贝采里乌斯
47. 生命，如夏花之绚烂：奥斯特瓦尔德的故事
48. 铃声与狗的进食实验：巴甫洛夫的故事
49. 镭的母亲：居里夫人的故事
50. 科学史上的惨痛教训：瓦维洛夫的故事
51. 门铃又响了：无线电发明的故事
52. 现代中国科学事业的拓荒者：卢嘉锡的故事
53. 天涯海角一点通：电报和电话发明的故事
54. 独领风骚数十年：李比希的故事
55. 东西方文化的产儿：汤川秀树的故事
56. 大自然的改造者：米秋林的故事
57. 东方魔稻：袁隆平的故事
58. 中国近代气象学的奠基人：竺可桢的故事
59. 在沙漠上结出的果实：法布尔的故事
60. 宰相科学家：徐光启的故事
61. 疫影擒魔：科赫的故事
62. 遗传学之父：孟德尔的故事
63. 一贫如洗的科学家：拉马克的故事
64. 血液循环的发现者：哈维的故事
65. 揭开传染病神秘面纱的人：巴斯德的故事
66. 制服怒水泽千秋：李冰的故事
67. 星云学说的主人：康德和拉普拉斯的故事
68. 星辉月映探苍穹：第谷和开普勒的故事
69. 实验科学的奠基人：伽利略的故事
70. 世界发明之王：爱迪生的故事
71. 生物学革命大师：达尔文的故事
72. 禹迹茫茫：中国历代治水的故事
73. 数学发展的世纪之桥：希尔伯特的故事
74. 他架起代数与几何的桥梁：笛卡尔的故事
75. 梦溪园中的科学老人：沈括的故事
76. 窥天地之奥：张衡的故事
77. 控制论之父：诺伯特·维纳的故事
78. 开风气之先的科学大师：莱布尼茨的故事
79. 近代科学的奠基人：罗伯特·波义耳的故事
80. 走进化学的迷宫：门捷列夫的故事
81. 学究天人：郭守敬的故事
82. 攫雷电于九天：富兰克林的故事
83. 华罗庚的故事
84. 独得六项世界第一的科学家：苏颂的故事
85. 传播中国古代科学文明的使者：李约瑟的故事
86. 阿波罗计划：人类探索月球的故事
87. 一位身披袈裟的科学家：僧一行的故事